장부남 · 남기희의
모던아트 이야기 1

장부남 · 남기희의
모던아트 이야기
1

장부남 · 남기희의
모던아트 이야기 **1**

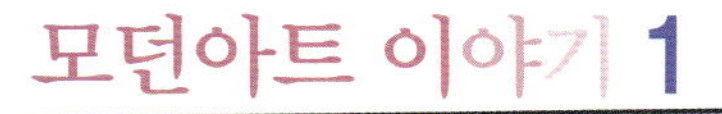

장부남(張富男) Chang Boo-Nam
andochang@yahoo.co.kr

청주 사범학교 본과 졸업, 중앙 대학교(예대) 회화과 졸업

■ 경력
- 충청 대학, 수원 여자 대학 겸임 교수 역임
- 충북 미술대전 운영위원 및 심사위원 역임
- 단원 미술제 심사위원 역임
- 대한민국 미술대전 심사위원 역임
- 2005년 청주 국제 공예비엔날레 심사위원 역임
- 개인전 8회 •국내 단체전 및 초대전 다수
- 해외 초대전 다수

■ 현재
- 한국미술협회 자문위원
- 서울미술협회 회원 관진미협자문위원
- 한일미술교류회장 현대미술신기회 운영위원
- 아세아현대미술교우회초대작가
- 충북미술대전초대작가
- 대한민국회화제초대작가
- 사단법인한국청소년미술협회 이사장
- 수원대학교 미술대학원 조형예술학과 교수

남기희(南基喜) Nam Gi-Hee
nkh0048@hanmail.net

수원대학교 미술대학원 조형예술학과 유•아동미술 전공 졸업

■ 경력
- 주성대학, 수원여자대학 아동미술과 외래교수 역임
- 유, 초중고 특기적성 강사 역임
- 21세기 미술교육 엄마랑 아기랑 집필
- 서울시 동부교육청 학교평가위원

■ 현재
- 서울시교육청 교원 특수분야(미술) 직무연수강사
- 개인전 2회, 그룹전 및 단체전 다수 출품
- 한국미술협회 회원 •서울미술협회 회원
- 한일미술교류회 운영위원
- 국제교육문화센터 아동미술지도자반 강사
- 한국아동미술전문가회 회장
- 사단법인 국제아동지도자협회 이사, 미술분과위원장
- 사단법인 한국청소년미술협회 이사, 교육분과위원장
- 대한민국 청소년미술대전 운영위원장
- 전국 장애우청소년미술대전심사위원
- 신구대학 외래교수

초판 인쇄일 _ 2008년 8월 14일 ● **초판 발행일** _ 2008년 8월 20일 ● **지은이** _ 장부남, 남기희

발행인 _ 박정모 ● **발행처** _ 도서출판 혜지원 ● **주소** _ 서울시 동대문구 장안 1동 420-3호

전화 _ 영업부 02)2212-1227, 2213-1227 편집부 02)2249-7975 **팩스** _ 02)2247-1227

홈페이지 _ http://www.hyejiwon.co.kr ● **기획·진행** _ 이영희 ● **디자인, 본문편집** _ 지미숙

표지디자인 _ 지미숙 ● **영업마케팅** _ 김남권, 황대일, 고광수, 서지영

ISBN _ 978-89-8379-567-0 ● **정가** _ 14,000원

❁ 잘못 만들어진 책은 구입한 서점에서 교환해 드립니다.

장부남, 남기희 지음

혜지원

대부분의 어린이는 누구나 그림 그리기를 좋아합니다.

특히 6-7세 때는 아동 그림의 황금기라고 할 수 있을 만큼 매우 활발하게 미술활동을 합니다.

저는 개인적으로 이때의 미술활동이 어린이의 성격형성에 좋은 영향을 주어 어른으로 성장한 후에도 원만한 사회생활을 영위할 수 있도록 도움을 준다고 생각합니다. 그러나 어떤 어린이는 학년이 올라갈수록 그림 그리기를 싫어하는 경향을 나타내기도 합니다. 이것은 부모나 교사의 미술지도 방법에 문제가 있어서일지도 모릅니다.

이 책은 어린이들이 쉽고 재미있게 그림을 배울 수 있도록 이끌어 주는 모던아트를 활용한 지도방법을 소개하였습니다. 또 다양한 재료를 사용해서 표현하는 방법도 함께 소개했습니다.

그중 판화놀이는 그림 그리기를 두려워하는 어린이나 싫증을 내는 어린이 또는 미술 실력을 좀 더 키우려는 어린이들 모두에게 유익한 활동이 될 것입니다.

어린이들은 생활 속에서 흔히 볼 수 있는 주변의 작은 사물을 가지고도 자신의 생각을 독특하고 재미있게 표현해 낼 줄 압니다. 어린이들과 함께 미술 활동을 하다보면 어른의 상상을 초월하는 기발한 생각들을 발견할 수 있습니다. 그것은 잠재되어 있는 어린이들만의 독창적인 세계를 엿볼 수 있는 좋은 기회가 되기도 합니다.

어린이들은 미술 활동을 통해 상상의 나래를 펼치며 꿈과 희망을 키웁니다. 또 미적체험을 통해 통찰력과 자신감뿐만 아니라 창의력과 아름다운 정서 또한 길러집니다. 저는 바로 이러한 어린이들이 성장해 장차 이 나라를 이끌어갈 인재들이 될 것임을 굳게 믿고 있습니다.

끝으로 이 책이 나올 수 있도록 힘써주신 혜지원 사장님께 감사드립니다.

이 책을 보시는 학부모님들과 여러 선생님들에게 좋은 참고가 되기를 바라며 저보다 더욱 재미있는 미술지도 방법을 만들고 응용할 수 있기를 바랍니다.

감사합니다.

2008년 8월 장부남

저는 어린이들을 아주 좋아합니다.

20여 년을 그들과 함께 미술놀이를 하며 어린이의 무한한 상상의 세계를 날마다 접하게 되었고, 좀 더 도움이 될 수 있는 지도방법을 연구해 왔습니다.

유, 초, 중·고등학생 미술 특기적성 교사를 거쳐 현재 대학에서 아동미술을 가르치는 지도자의 길을 걸으면서 저는 늘 행복을 느끼고 있습니다.

제가 미술학원을 운영하던 시기 처음으로 "모던아트"라는 장르를 접하게 되었습니다. 장부남 교수님을 통해 심화교육을 이수한 뒤 저도 지도자를 양성할 수 있게 되었고, 그 교육에 심혈을 기울인 결과 많은 것들을 체험하고 배울 수 있었습니다. 그 만남을 시작으로 이렇게 함께 책까지 집필할 수 있게 된 것이 감개무량할 따름입니다.

저는 현재 "모던아트"라는 과목으로 부산, 마산, 목포, 진주, 대전, 청주, 거제, 안산, 평택 등 전국 각지에서 교사 자율연수 강의를 하고 있습니다. 강의활동을 통해 여러 선생님들을 만나게 되었고, 그들의 응원과 격려를 받을 때마다 일에 대한 자부심과 보람을 느끼고 있습니다.

평소 학습현장에 있으면서 학부모나 교사들을 위한 유익한 미술활동 교육지침서가 나왔으면 하는 바람이 있었는데, 이렇게 소망을 이루게 되어 얼마나 기쁜지 모릅니다.

저에게 이 책을 함께 공저할 수 있도록 기회를 주신 장부남 교수님께 먼저 깊이 감사를 드립니다.

또 사랑하는 제자들의 뜨거운 격려와 협조에 고마움의 뜻을 표합니다.

끝으로 혜지원 사장님과 편집을 맡아주신 디자이너께도 감사드립니다.

이 책을 보시는 모든 분들께 행운이 가득하시기를 바랍니다.

2008년 8월 남기희

추천사

　본 모던아트의 저자 장부남은 내가 평소 존경하는 아동 교육자요, 아동 미술가이다. 사범학교에서 어린이의 발달 과정과 그 지도 방법에 대해서 공부했고, 교단에서 아동 교육에 헌신했다. 또한 유아 교육에 뜻을 두고 오랫동안 직접 유치원을 경영했다. 이런 그의 오랜 경력이 어린이들의 심성과 발달과정에 대한 이해를 높은 경지로 이끌었다. 그림이 아동에게 무엇이고, 그것이 그들의 상상력과 자기를 표현하는 데 있어 얼마나 도움이 되는 것인지에 대해서 남다른 지혜를 가지고 있고, 어떻게 지도하는 것이 좋은지에 대하여 매우 유용한 방법을 가지고 있다.

　그는 화가이다. 그의 작품은 독특한 화풍으로 많은 사람들에게 감동을 주고 있다. 미술 작품에 몰입하는 자신의 경험을 통하여 그림 그리기가 아동의 정서를 순화시킨다는 교육자적 믿음을 가지고 있다. 생각과 상상력을 미적으로 표현하는 데 있어 동원할 수 있는 미술 기법을 오랫동안 연구하고 개발했다.

　장부남, 남기희의 모던아트 이야기는 아동 미술교육에 대한 그의 땀과 성숙된 안목으로 만들어진 결정체이다. 이 책이 유아의 상상력을 자극하고 미적 감각을 키우고자 하는 많은 유아교육자들과 학부모들에게 매우 유익한 자료가 될 것을 확신한다. 그리고 어린이를 사랑하고, 미술을 사랑하는 사람들에게 호평 받는 책이 될 것임을 확신한다.

2008년 8월

곽병선 (경인여대학장, 전 한국교육개발원장)

이 책을 보는 법

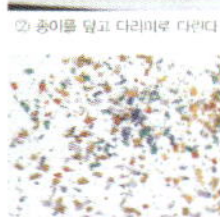

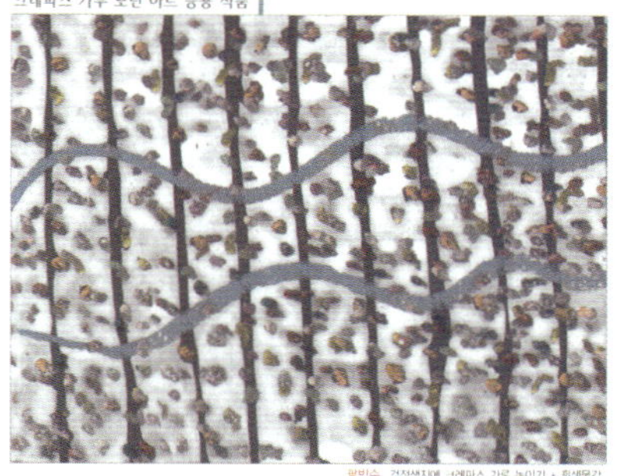

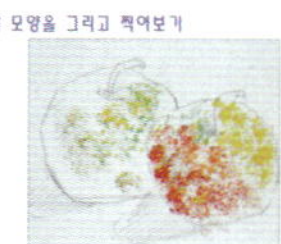

참고해야 할 내용들을 담았습니다.

알아두면 아이들을 가르치는 데 도움이 되는 내용들을 담았습니다.

차례

Contents...

PART 3 다양한 방법으로 표현하기 126

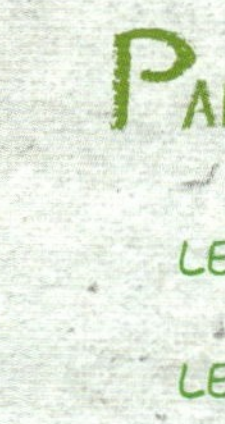

PART 4 부록 • 이것이 궁금해요! 144

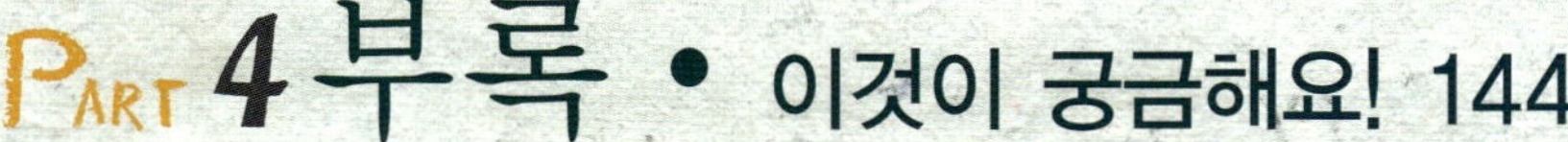

실굴려 찍기

야채 모던아트

칫솔 모던아트

종이판화

세제 모던아트 · 찍기

종이찍기 모던아트

Gallery
세제 모던아트 • 티트리기

PART 1

재미있는 그림 그리기

파스텔 모던아트

-Lesson 1

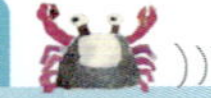

지도목표

1. 파스텔의 아름다운 색을 다양하게 사용하는 방법을 배울 수 있다.

■ **준비물 :** 파스텔, 네임펜, 지우개, 색지

파스텔 모던아트

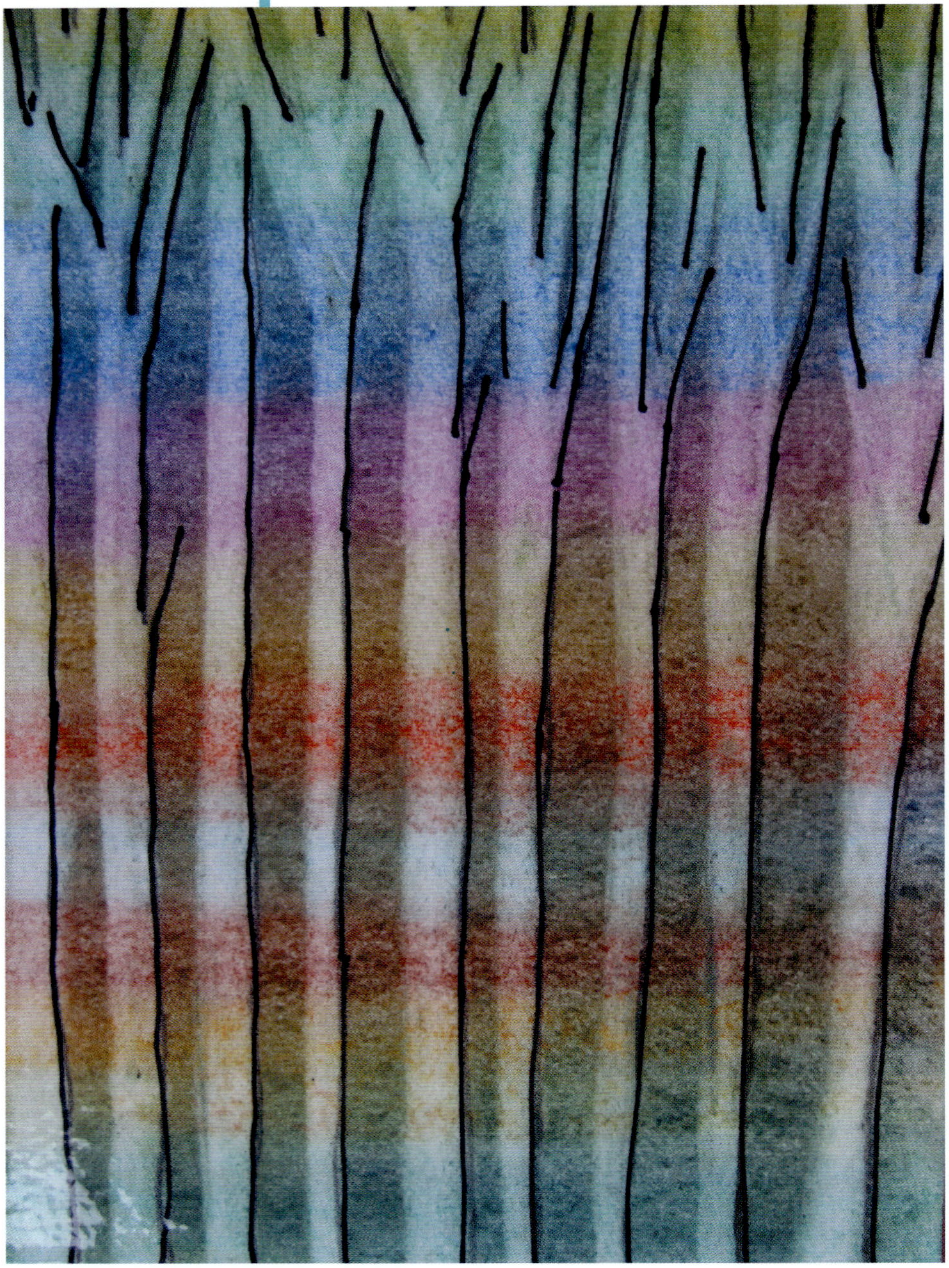

키가 큰 나무

파스텔 모던아트 응용 ①

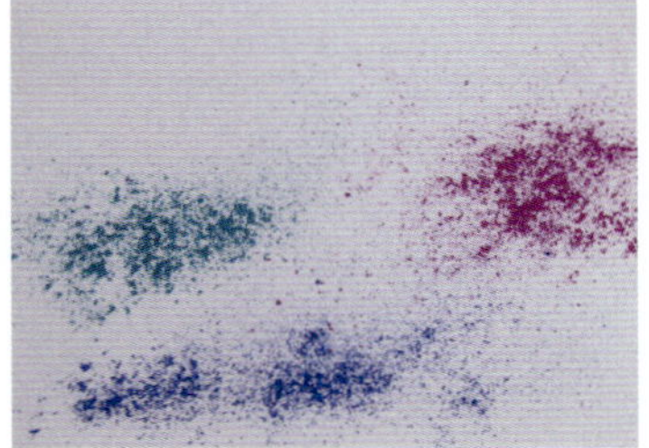

① 파스텔을 칼로 긁는다.

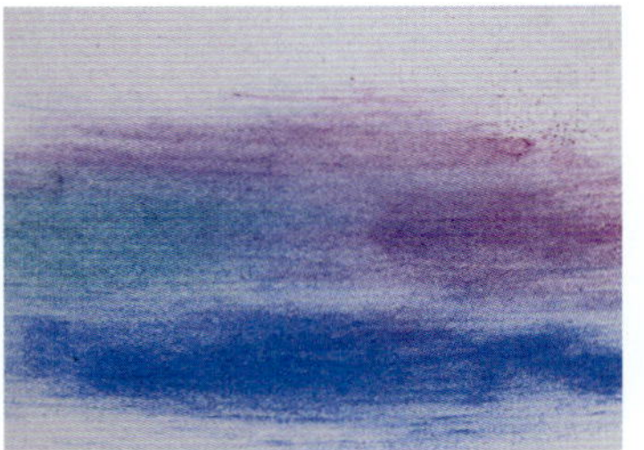

② 손으로 문지른다.

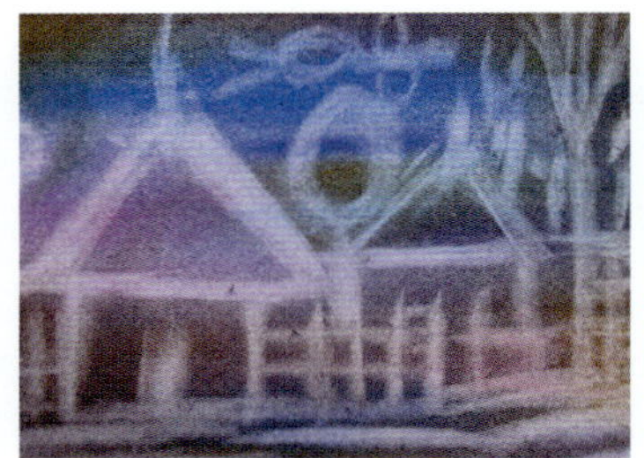

③ 지우개로 그리고 싶은 모양을 그린다.

파스텔 모던아트 참고작품

나무

눈꽃 나무　흰색 켄트지를 연필로 칠한 다음 지우개로 지워서 모양을
만들어본다.

파스텔 모던아트 응용 ②

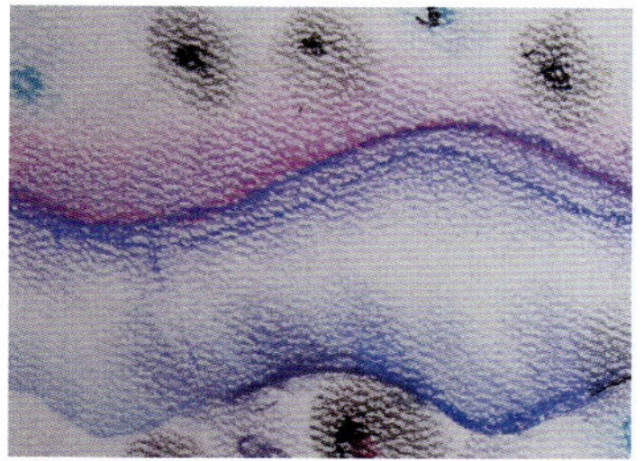

① 모양을 그리고 파스텔을 칠한다.

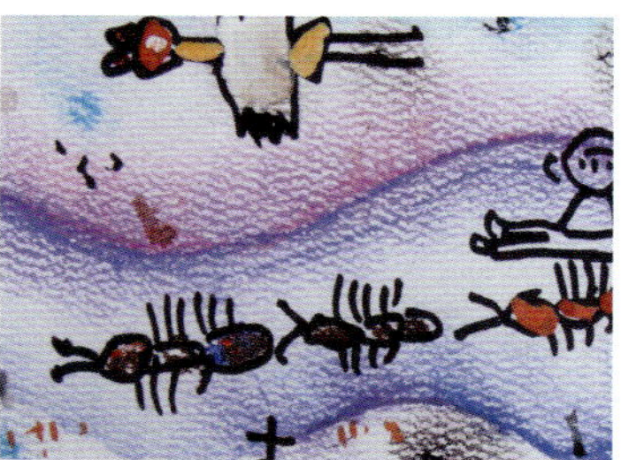

② 그리고 싶은 그림을 그린다.

파스텔 모던아트 응용 ③

① 여러 색의 파스텔을 준비한다.

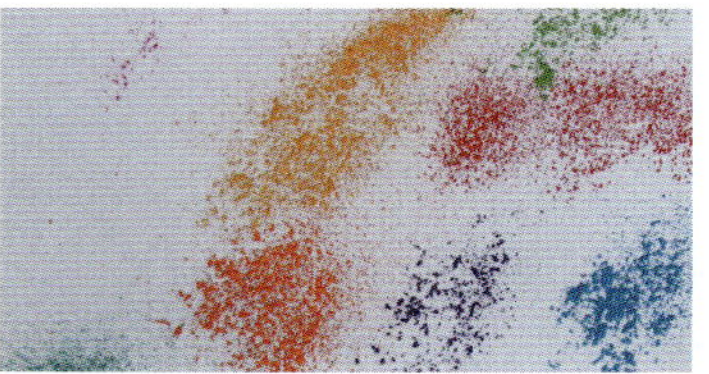

② 파스텔을 칼로 긁는다.

③ 손으로 둥글게 문지른다.

파스텔 모던아트 참고작품

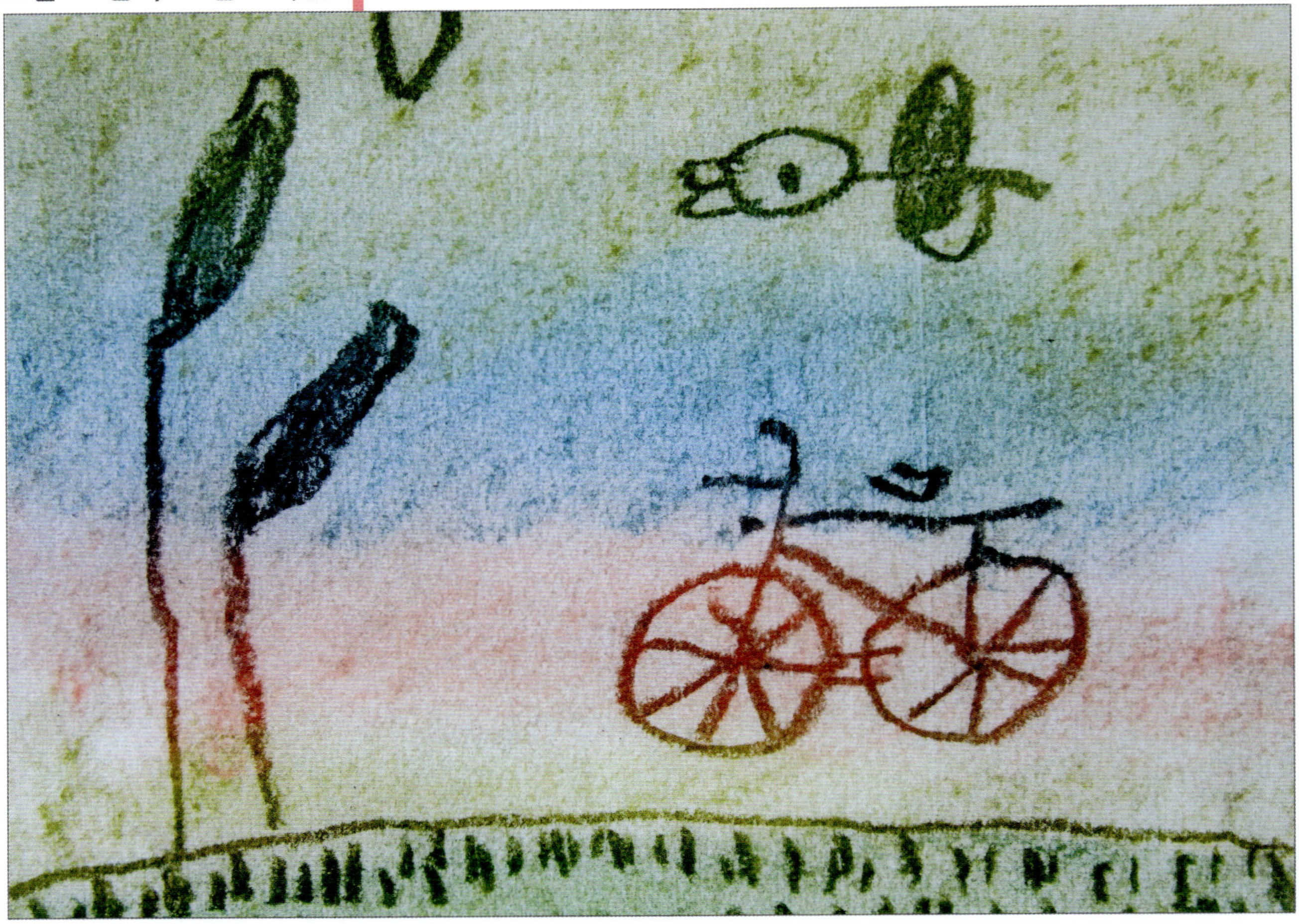

▶흰색 켄트지에 그리고 싶은 모양을 흰색 크레파스로 그리고 그 위에 파스텔 가루를 문지르거나 파스텔을 직접 칠해서 손으로 문지른다.

파스텔 모던아트 응용 ④

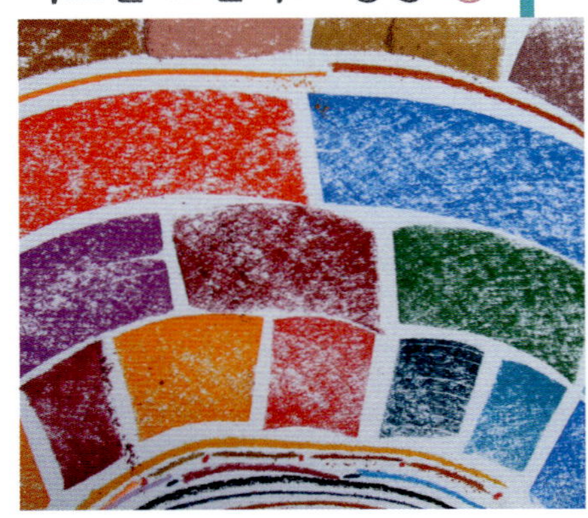

▶파스텔을 옆으로 눕혀 칠한다.

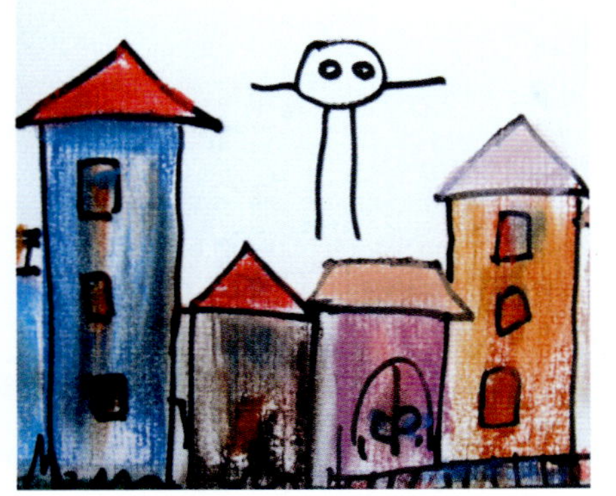

▶네임펜으로 그리고 파스텔로 칠한다.

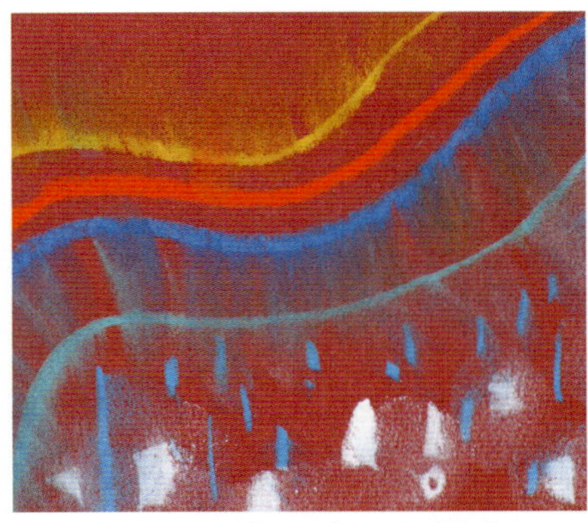

▶파스텔로 모양을 그리고 문지른다.

 어린이는 그림을 그릴 때 여러 가지 생각을 하며 그린다. 그리고 생각한 것을 그대로 표현하기 때문에 무엇을 주제로 했는지 잘 모를 때가 있다. 간혹 피카소 그림을 보며 '이건 뭘 그린 걸까?' 하고 궁금해하는 사람이 있다. 어린이 그림은 피카소 그림보다 앞서가는 표현 양상이며 사고 영역이기 때문에 어른이 봐서는 잘 모를 때가 있다. 어린이가 그림에 대해 설명하는 것을 들어보면 어떻게 이런 생각을 했는지 매우 신기하다.

파스텔 모던아트 응용 ⑤

▶ 검정 머메드지에 파스텔로 그리고 부분적으로 문지르기

알아둡시다!

개념화 :

 개념화는 인물 형태나 색깔이 고정되어 있고 나열식이며 색의 수가 많아 화려하지만 그리는 즐거움이 없다. 내용이 틀에 박혀 있고 딱딱하며 능숙한 솜씨로 그린 것 같지만 표현적 기교를 부린 그림으로 박력과 매력이 없으며 어린이다운 맛이나 생동감이 없다.

사포 모던아트

- Lesson 2

1. 사포의 질감을 느껴본다.
2. 사포는 여러 번 그려도 잘 그려진다는 것을 알 수 있다.
3. 전사(복사)되는 것을 체험해 본다.
4. 종이와 사포의 차이점을 알 수 있다.

■ 준비물 : 크레파스, 사포(100~150번), 다리미

사포 전사 그림

표현 방법

1. 무엇을 그릴까 구상한다.
2. 크레파스로 선을 그려본다.
3. 크레파스를 면으로 그려본다.

무지개 나라

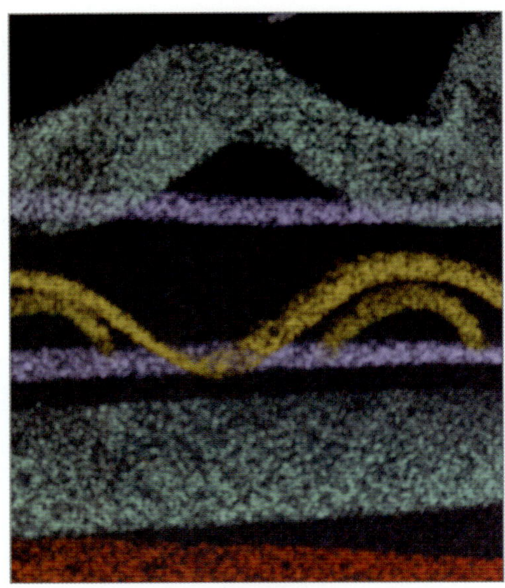

크레파스 눕혀서 그리기

선놀이

사포 전사 그림 응용 ①

① 사포에 크레파스로 진하게 그린다.

② 그림 위에 켄트지를 놓고 다리미로 다린다.

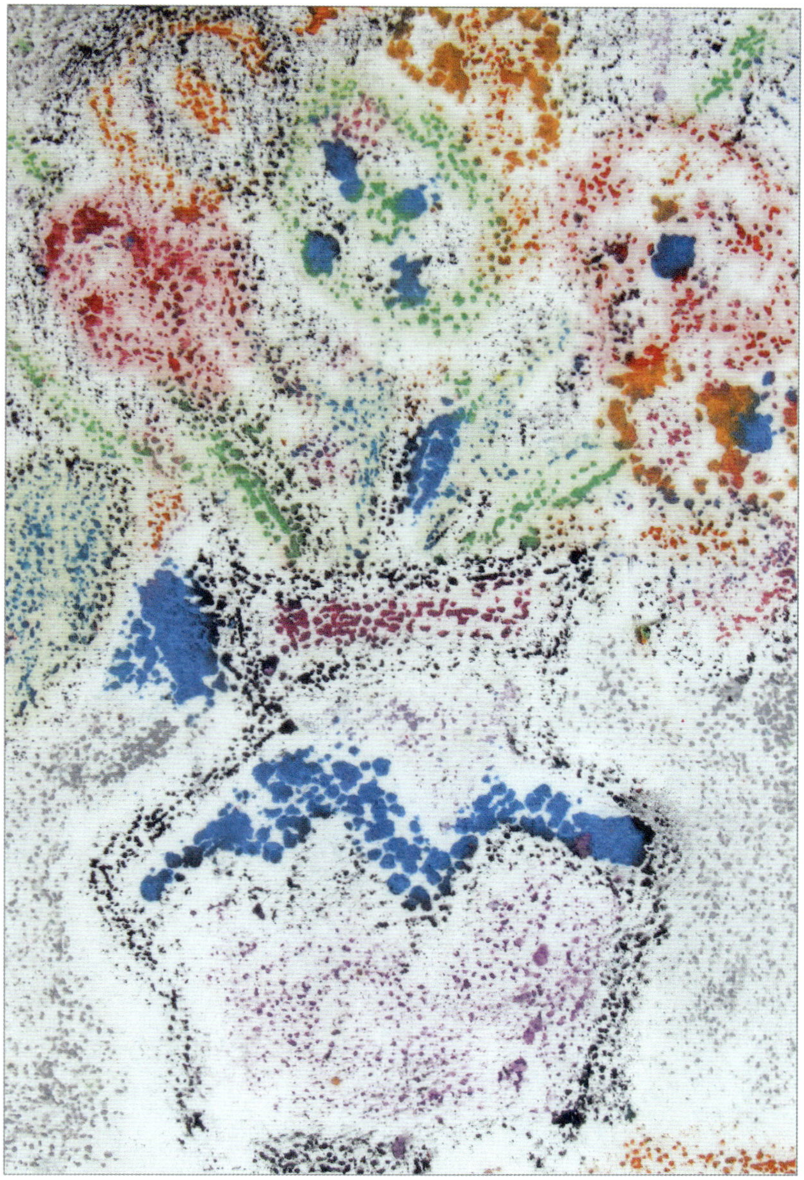

사포 전사 그림 응용 ②

꽃병

③ 사포에 크레파스로 그린 후 종이를 놓고 다리미로 다린 작품

선놀이

유성매직 모던아트

- Lesson 3

■ 준비물 : 유성매직, 흰색 종이

유성매직 모던아트

완성작 유성 매직으로 길을 그리고 여러 가지 색으로 칠해보기

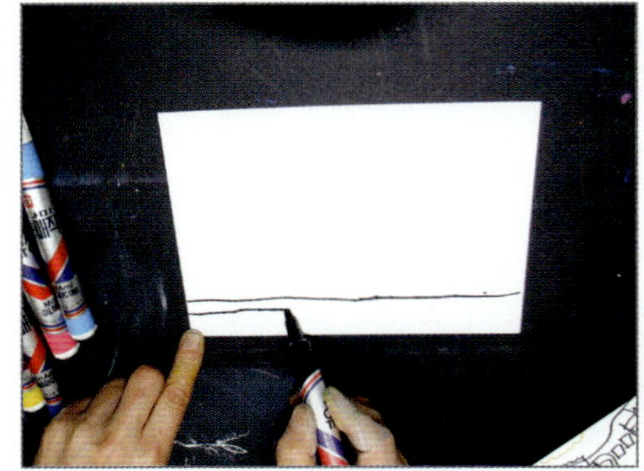

① 유성 매직으로 선을 긋는다.

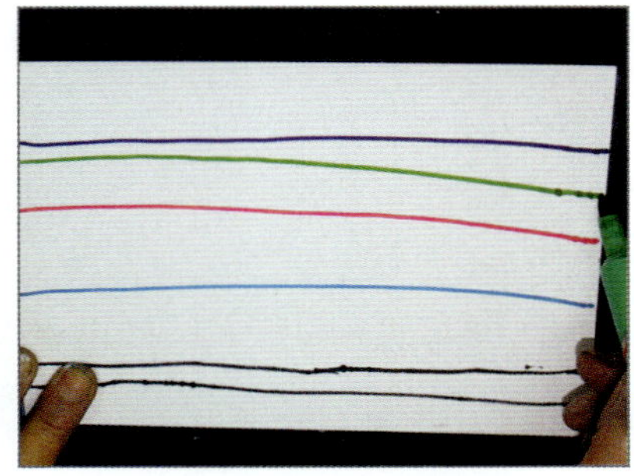

② 선을 여러 줄 그려 길을 만든다.

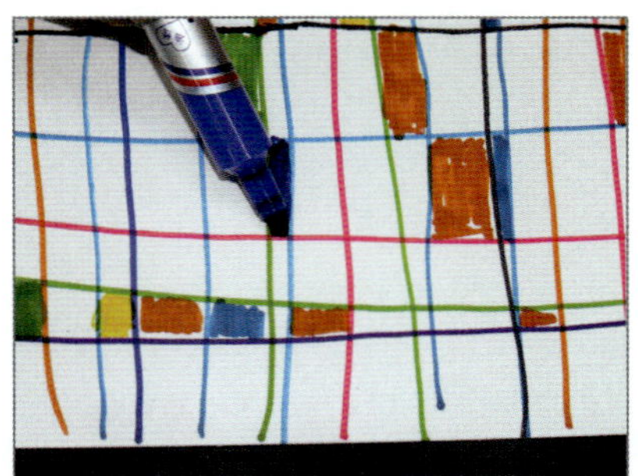

③ 그려진 칸에 여러 가지 색을 칠한다.

유성매직 모던아트 응용작품

거꾸로 바로

하늘, 땅, 바다

꿈 속에서 매직으로 그리고 파스텔 문지르기

어지러운 고양이

고궁에서

친구와 놀기

크레파스 모던아트 1
- Lesson 4

■ 준비물 : 크레파스, 이면지, 켄트지, 색지

크레파스 모던아트 응용 ①

바닷속 나라

① 이면지를 손으로 찢는다.

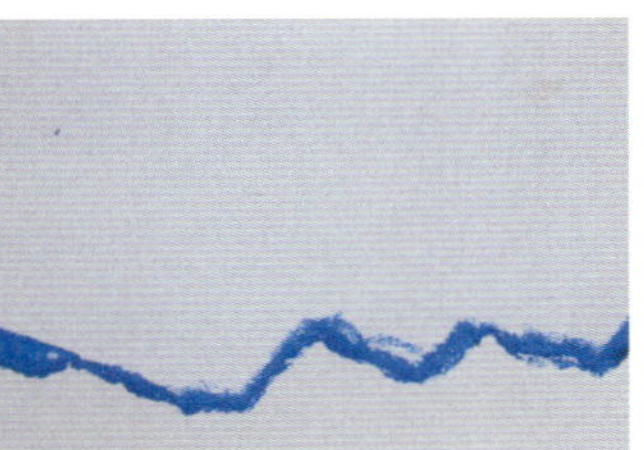

② 자른 이면지 뒷부분에 크레파스를 칠한다.

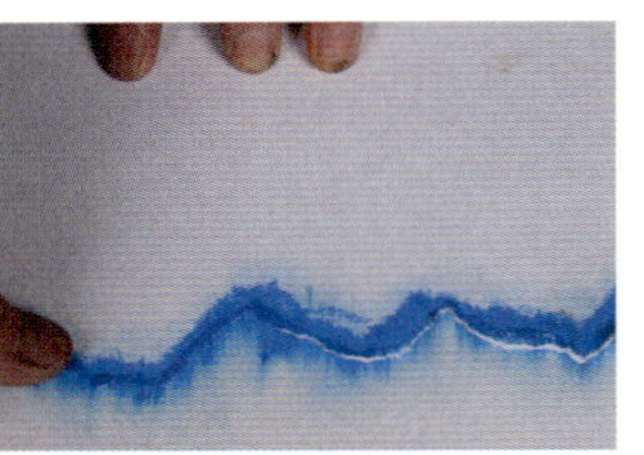

③ 엄지손가락으로 크레파스를 문지른다.

④ 간격을 띄어가며 문지른다.

⑤ 좀 더 띄어가며 문지른다.

⑥ 끝까지 문지른다.

크레파스 모던아트 응용작품

밤에 본 내 고향

크레파스 모던아트 응용 ②

① 종이를 접어서 손으로 구멍을 낸 후 흰 색지에 붙인다. 크레파스를 주위에 칠하고 안으로 문질러 넣는다.

② 크리파스를 안으로 문질러 넣은 부분에 그리고 싶은 그림을 마음껏 그린다.

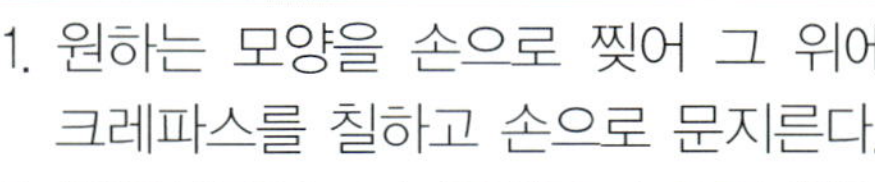

표현 방법

1. 원하는 모양을 손으로 찢어 그 위에 크레파스를 칠하고 손으로 문지른다.
2. 검정색지에 A4 종이를 손으로 찢어서 모양을 만든다.

요술나무

크레파스 모던아트 응용작품

가을

생명의 탄생

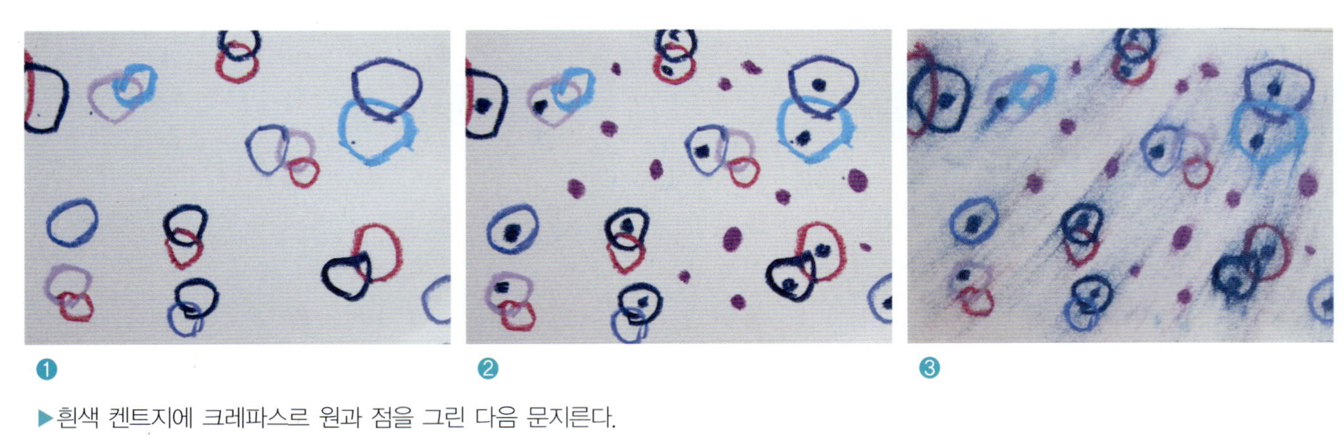

▶흰색 켄트지에 크레파스로 원과 점을 그린 다음 문지른다.

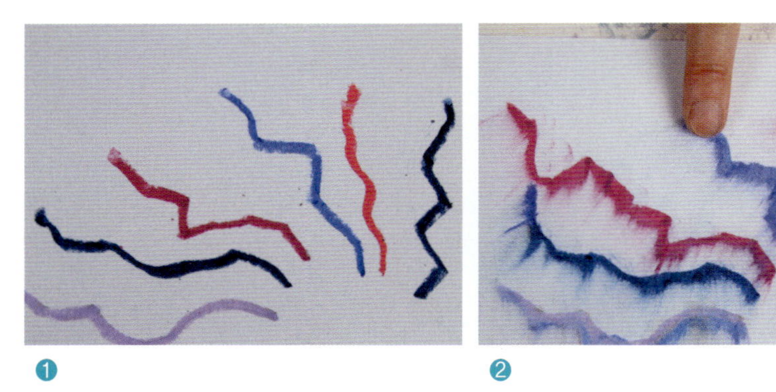

▶흰색 켄트지에 좋아하는 색의 크레파스로 선을 그린 다음 손으로 문지른다.

▶검은 종이를 접어서 손으로 구멍을 낸 다음 뒷면에 종이를 붙인다. 구멍 주위에 크레파스를 칠하고 안으로 밀어넣은 후 그리고 싶은 그림을 마음대로 그린다.

바람직한 그림

　어린이는 그림을 그리는 과정에서 자기 생활을 표현하거나 교사의 이야기 또는 음악을 듣고 충분히 생각한 후에 그 생각을 자기동일화하여 화면에 표현한다. 혹시 성의없게 그리는 어린이가 있다면 그 시간의 교육 목표를 달성하지 못한 것이다. 교육은 반드시 그 목표가 있어야 하고 목표를 달성하기 위해서는 구체적이고도 훌륭한 교육 방법이 있어야 한다. 교사는 어린이가 정성껏 표현할 수 있도록 도와주어야 한다.

크레파스 모던아트 응용작품

▶A4 종이를 산 모양으로 찢어 하늘색 크레파스로 칠한 다음 검정색 머메드지 위에 놓고 문지른다.

▶흰색 켄트지 위에 A4 용지의 가장자리에 크레파스 칠을 하고 여러 방향으로 문질러본다.

▶검정색지에 크레파스로 여러 가지 색깔의 점을 찍어본다.

▶검은색지에 여러 가지 색으로 점을 찍은 다음 흰색 물감으로 간격을 두고 칠해본다.

크레파스 모던아트 2
- Lesson 5

1. 크레파스와 물감은 서로 혼합되지 않는다는 것을 배운다.
2. 크레파스로 그리고 물감을 칠하면 더 선명하게 표현할 수 있다.

■ 준비물 : 크레파스, 물감, 켄트지, 색지

배수 그림 응용 ①

▶ 흰색 켄트지에 크레파스로 선과 점 모양을 그린 다음 검정색 포스터 컬러를 칠한다.

▶ 검정색지 위에 크레파스로 여러 가지 점을 찍고 흰색 포스터 컬러를 붓에 묻혀 직선을 그어본다.

다양한 방법으로 표현하기

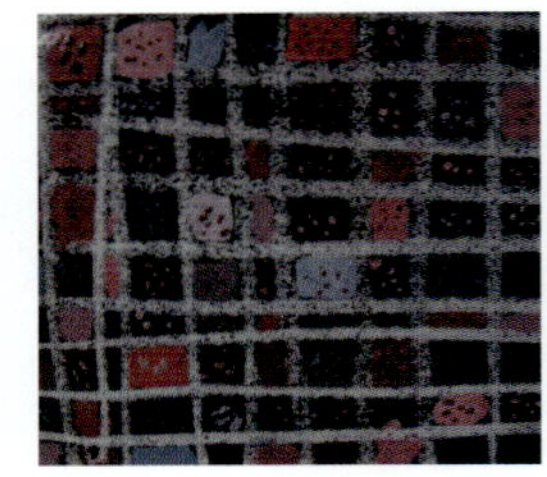

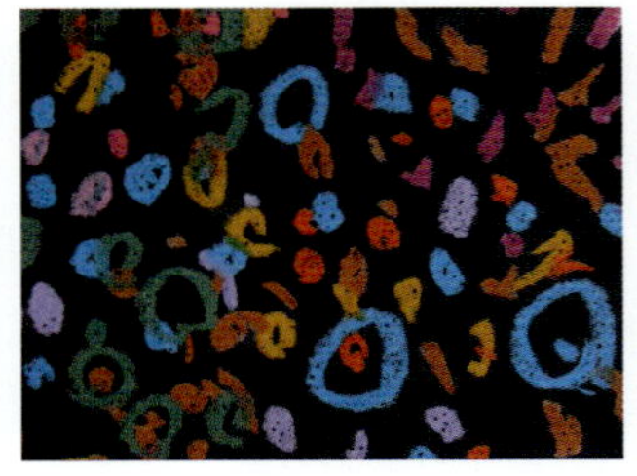

배수 그림 응용 ②

① 흰색 켄트지에 여러 가지 색으로 새를 그린다.

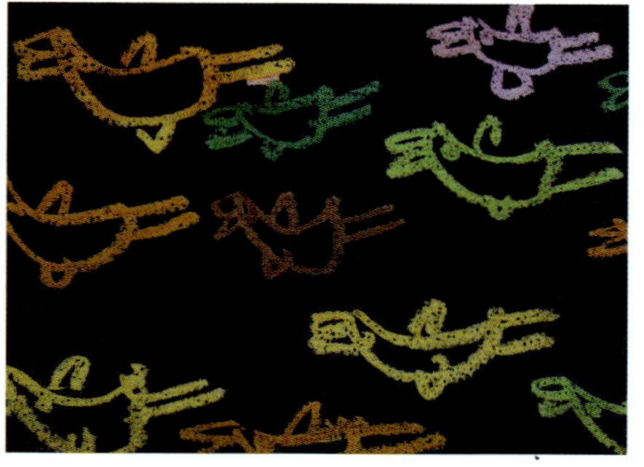

② 검정색 물감으로 칠한다.

③ 여러 가지 색으로 칠해본다.

배수 그림 응용 ③

① 검정색지에 크레파스로 그림을 그린다.

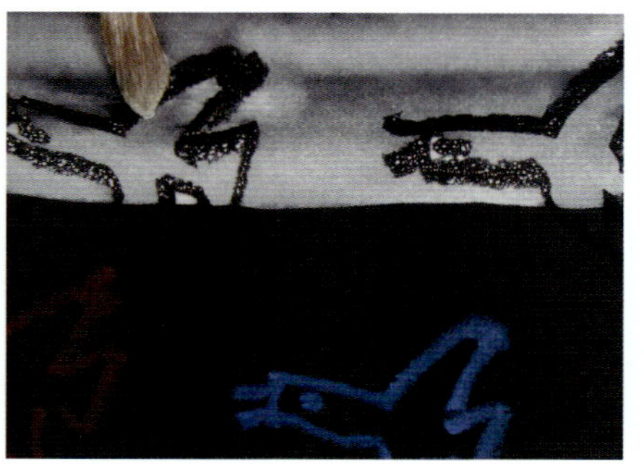

② 흰색 포스터 컬러를 칠한다.

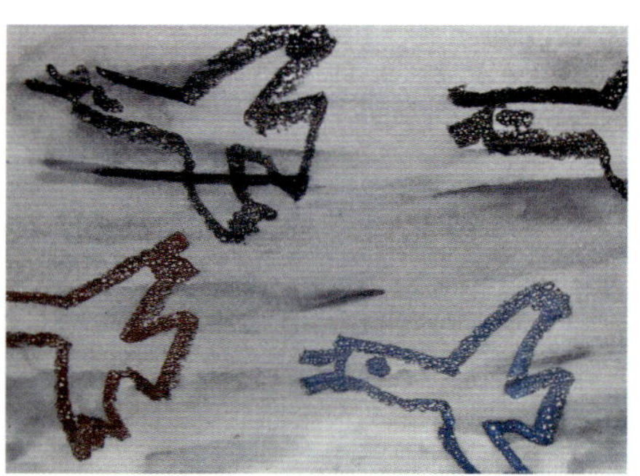

③ 흰색 포스터 컬러로 칠한 것

배수 그림 응용작품

▶ 흰색 켄트지에 크레파스로 점과 선을 그리고 검정색 포스터 컬러로 선 긋기

▶ 검정색지에 모양 그리고 흰색 칠하기

▶ 검정색지에 모양 그리고 흰색 칠하기

④ 새그림에 색칠을 한다.

배수 그림이란?

크레파스, 양초, 크레용, 파라핀으로 그림을 그리고 물감을 칠하면 그린 부분에는 물감이 묻지 않는다. 이렇게 물감과 크레파스로 그린 그림을 배수 그림이라고 한다.

크레파스와 물감 모던아트
- Lesson 6

■ 준비물 : 색지, 크레파스, 물감

크레파스와 물감 모던아트

▶흰색 켄트지에 색을 바꾸어가면서 원을 그리고 검정색 포스터 컬러를 칠한다.

▶검정색지에 크레파스로 선을 그어본다. 어떤 색이 잘 보일까?

▶색지를 이어 붙인 후 크레파스로 선을 그어본다.

크레파스 문지르기 응용작품

▶네임펜으로 그림을 그리고 크레파스를 칠
  한다.

▶벽지 위에 크레파스로 그린다.

▶파란색지에 크레파스로 그린다.

▶벽지 위에 크레파스로 그린다.

긁어내기(스크래치) 모던아트 — Lesson 7

1. 크레파스와 아크릴 물감에 대한 체험을 하게 한다.
2. 긁어서 나타내는 아름다움을 발견하게 한다.
3. 긁어내는 재료에 따라 표현이 달라지는 것을 배운다.

■ 준비물 : 크레파스, 색지, 아크릴 물감, 긁을 수 있는 도구(리들, 이쑤시개, 송곳, 못 등)

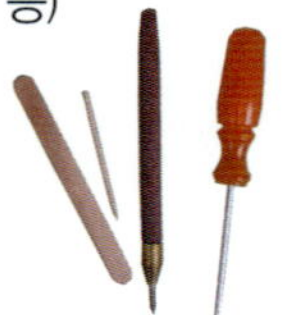

긁어내기 응용 ①

표현 방법

1. 밝은색 크레파스를 칠한다.
2. 아크릴 물감 검정색을 칠한다.
3. 리들(뾰족한 것)로 긁어본다.
4. 그리고 싶은 모양을 그려본다.

※주의사항 : 검정색 아크릴 물감 약간 덜 굳었을 때 긁으면 더 효과적이다.

① 밝은색 크레파스를 칠한다.

② 검정색 아크릴 물감을 칠한다.

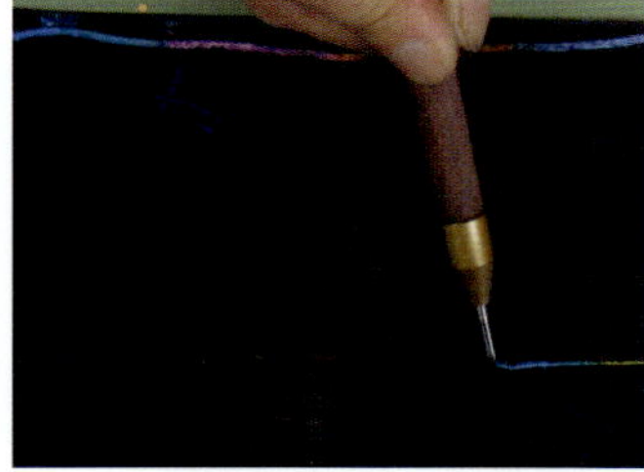

③ 리들(뾰족한 것)로 긁어본다.

④ 그리고 싶은 모양을 그린다.

O.H.P를 활용한 스크래치

① O.H.P필름에 검정색 포스터 컬러 또는 먹물을 골고루 칠한다.

② 다 마른 다음 그리고 싶은 것을 그리고 리들로 긁어낸다.

긁어내기 응용 ②

긁어내기 응용 ③

우리반 친구들

① 켄트지에 크레파스를 칠한다.
② 검정색으로 덮어 칠한다.
③ 뾰족한 것으로 모양을 그리고 그 주위를 긁어낸다.

① O.H.P 필름 위에 검정색 포스터 컬러를 칠한다.
② 리들이나 뾰족한 것으로 모양을 남기고 주위를 긁어낸다.
③ O.H.P 필름 뒷면에 색지를 붙인다.

아동 미술 이론

■ 아동화

ⓐ 아동의 심신발달이 회화적 수단으로 나타난 일체의 흔적

ⓑ 지적 및 심리적 현상이 발달해나가는 신체 활동에 의해 회화적 수단으로 투사된 일체의 흔적

ⓒ 신체 활동의 표현

ⓓ 아동이 그리고, 꾸미고, 만드는 모든 작업활동

아동미술은 그리고, 꾸미고, 만드는 활동을 통해서 미술에 흥미와 관심을 가지게 하고 표현의 즐거움을 맛보게 하며 개성과 창의력을 신장시켜 바람직한 인간을 형성하기 위한 것이다.

긁어내기 응용 ⑤

표현 방법

1. 검정색 크레파스로 그리고 싶은 밑그림을 굵게 그린다.
2. 밝은색 크레파스로 그림의 면을 칠한다.
3. 검정색으로 전체를 덧칠한다.
4. 뾰족한 것으로 전체를 반복해서 긁어낸다.
5. 처음에 그린 그림이 나타난다.

아동화의 평가

미술교육의 목적이 어린이의 성장 발달과 인성 교육에 있으므로 어린이가 표현해놓은 결과보다는 활동 과정이 더욱 중요하다. 어린이가 원시적 표현을 했을지라도 그것은 어린이 자신만의 세계를 독특하게 표현한 것이기 때문에 절대로 어른의 입장에서 보아서는 안 된다. 어린이는 자기가 표현한 작품 속에서 '자기발견'을 하게 되고 아울러 자기성장도 하게 된다. 어린이는 지도 방법과 교육 과정에 따라 다르게 성장될 수 있다. 그러므로 어린이의 상황에 맞춰 적합한 수업을 전개해야 한다.

▶둥근 모양의 종이에 크레파스로 색칠을 한다.

▶여러 가지 색의 아크릴 물감을 칠한다.

▶모형에 흰색 아크릴 물감을 칠한 다음 아이스크림 막대로 그림을 그린다.

▶모형에 검정색 아크릴 물감을 칠하고 아이스크림 막대와 이쑤시개로 긁어 그린다.

▶모형에 파란색 아크릴 물감을 칠하고 그림을 그린다.

알아둡시다!

- 어린이는 자발적으로 그림을 그리며 자신의 생각을 표현할 때 즐거움을 느낀다.
- 그림 그리기에 즐거움을 느끼고 또 자신을 가지게 되면 더욱 흥미가 생겨서 권유하지 않더라도 능동적으로 그리게 되므로 자주적 성격이 길러진다.
- 그림 그리기를 통해 자주적 성격이 길러지면 개성이 뚜렷하고 주체성이 강한 어린이로 성장할 수 있다.

긁어내기 응용 ⑦

▶흰색 물감을 떨어뜨리고 불어본
다. 스크래치한 작품을 붙인다.

▶왼쪽 작품과 동일한 방법으로
만든다.

긁어내기 응용 ⑧

표현 방법

1. 작은 조각의 흰색 켄트지를 준비한다.
2. 밝은색 크레파스로 색칠한다.
3. 어두운 여러 가지 색으로 덧칠한 후 뾰족한 것으로
   모양을 그린다.

사인펜 모던아트 (워싱그림)

워싱그림 응용 ①

기차 여행

나는 집

지도목표

1. 사인펜과 컬러펜의 사용법을 알게 한다.
2. 컬러펜과 사인펜이 물과 만나면 아름답게 변한다는 것을 알 수 있다.
3. 컬러펜은 물에 번진다는 것을 알게 한다.

■ 준비물 : 컬러펜, 사인펜, 세제(레귤러 락스), 흰색 켄트지, 분무기, 붓, 면봉

흥부네 집

큰 새

워싱그림 응용 ②

▶ 자유롭게 뿌리거나 선을 그어 그림을 그린다.

① 흰색 켄트지에 사인펜이나 컬러펜으로 자유롭게 칠한다.

② 붓에 물을 묻혀 번지게 한다.

③ 사기 그릇에 레귤러 락스와 면봉, 종이말이 붓을 준비한다.

④ 면봉에 락스를 묻혀 떨어뜨린다.

⑤ 탈색제를 떨어뜨려 색이 탈색되는 과정을 관찰한다.

⑥ 탈색된 곳에 색칠을 해도 좋다.

하늘 나라

아빠

왕이 사는 집

워싱그림 응용 ③

① 사인펜으로 자유롭게 색색의 선을 긋는다.

② 분무기를 뿌려본다.

③ 자연스럽게 번지는 것을 관찰한다.

워싱그림 응용 ④

▶ 사인펜이나 수성펜으로 자유롭게 선을 긋고 붓에 물을 묻혀 선 위에 흘러내리게 한다.
▶ 왁스를 종이말이 붓에 묻혀 같은 방법으로 흘려본다.

워싱그림 참고작품

비행기

내 친구

워싱그림 응용 ⑤

① 흰색 켄트지에 사인펜으로 선을 긋
는다.

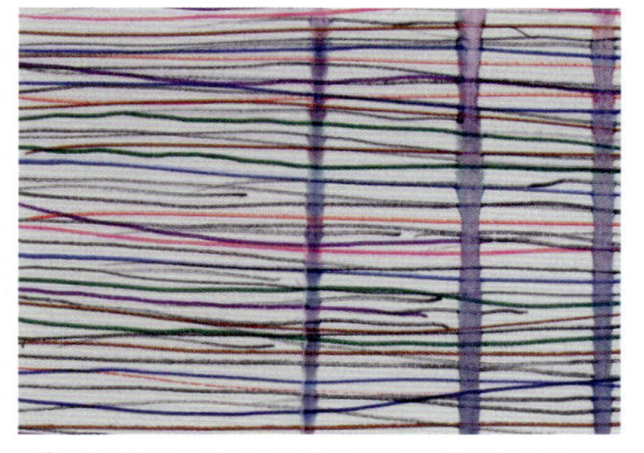

② 종이를 왼손으로 들고 오른손으로
붓에 물을 찍어 위에서부터 흐르게
한다.

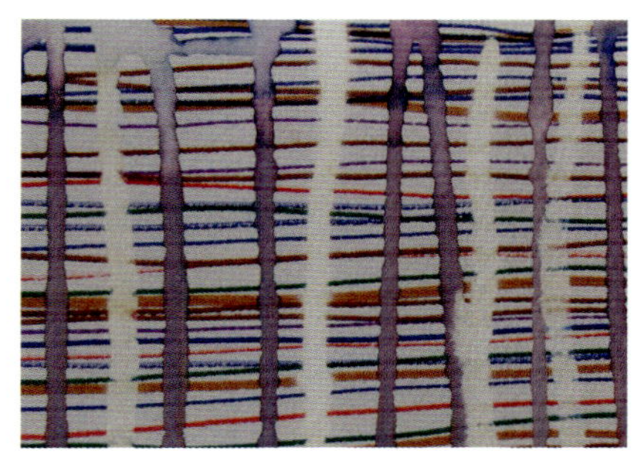

③ 세척제(레귤러 락스)를 면봉에 묻혀
그린다. 세척제가 지나간 자리와 물
이 흐른 자리를 비교해 본다.

아동 미술 이론

■ 자유화

자유화란 어린이 스스로 자유로운 주제를 정해서 자기 나름의 방법과 생각대로 그리는 그림이다. 특히 어린이의 개성과 마음 상태를 이해할 수 있는 좋은 방법이다.

자유화는 시간, 장소, 재료, 주제를 정해놓지 않고 자유로운 분위기에서 그리게 하는 것이 중요하다. 이러한 방법으로 그려진 그림을 통하여 아이가 표현하고자 하는 색채, 선, 형태, 위치, 주제를 알 수 있다. 하지만 자유화를 자주 시키면 매번 그렸던 것을 반복하여 그리게 될 수도 있기 때문에 개념화된 표현이 나타날 수도 있다.

PART 2

다양한 재료 이용하기

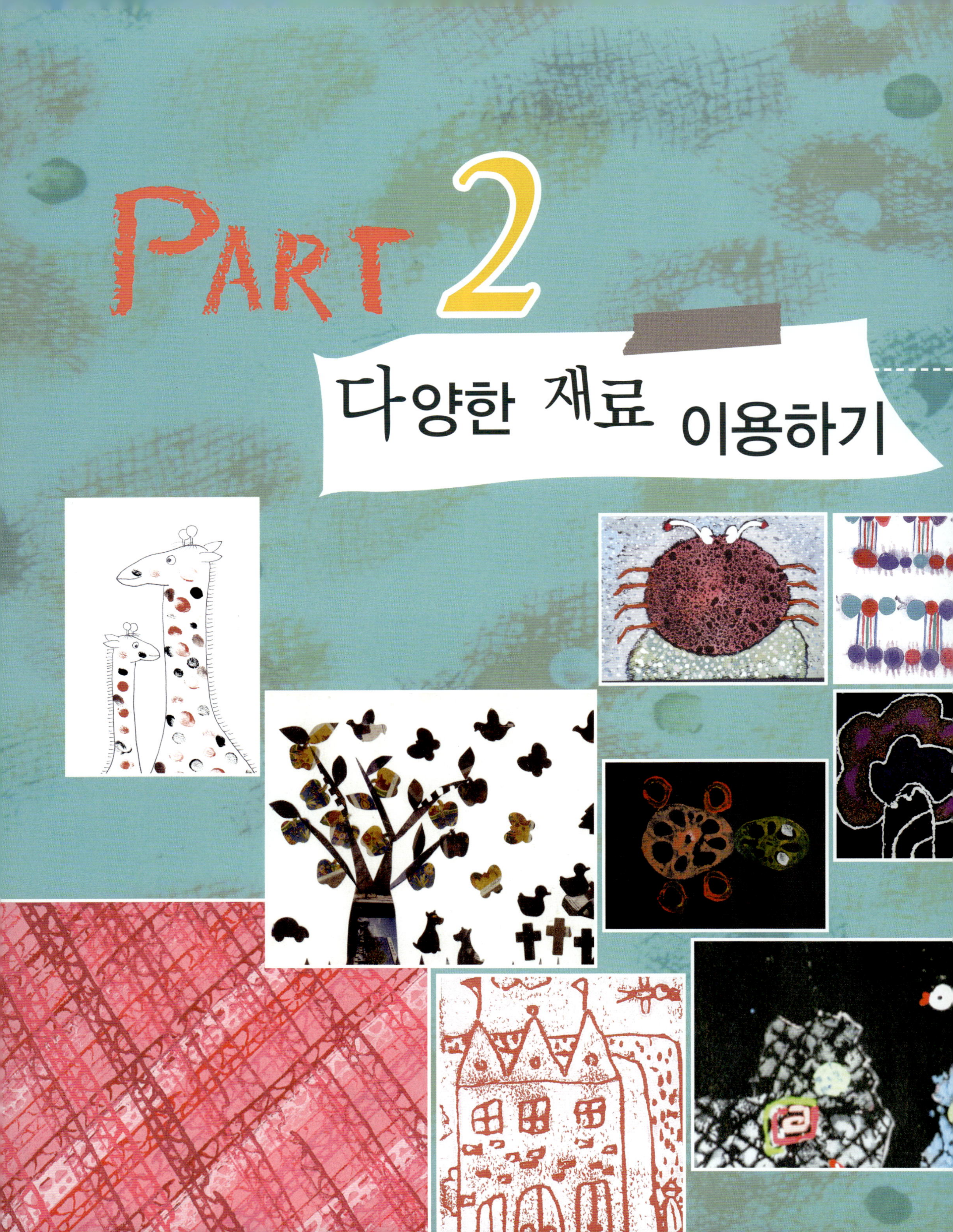

우드락 모던아트

1. 판화의 기법과 재료 사용법을 알 수 있다.
2. 잉크의 배합과정과 롤러의 사용방법을 익힌다.
3. 오목판화나 볼록판화에 대하여 이해한다.
4. 판화는 반대로 찍힌다는 것을 배운다.

■ 준비물 : 롤러, 바렌, 우드락, 포스터 컬러, 글리세린, 리들, 송곳, 여러 가지 색지, 옵셋잉크

우드락 조각 찍기 응용 ①

떠나는 길 1

떠나는 길 2

① 준비한 우드락에 볼펜을 힘껏 눌러가면서 그림을 그린다.

② 판화용 잉크 또는 포스터 컬러를 롤러에 묻힌다.

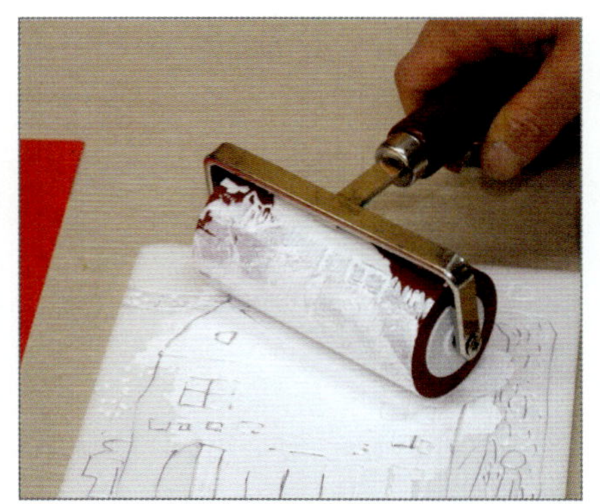

③ 원판 우드락에 물감을 칠한다.

흔적 우드락 판화

내연 우드락 판화

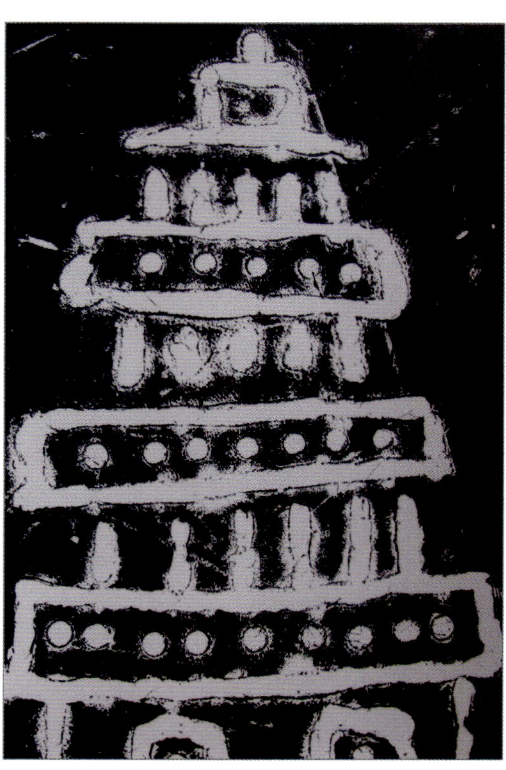

흔적 우드락 판화

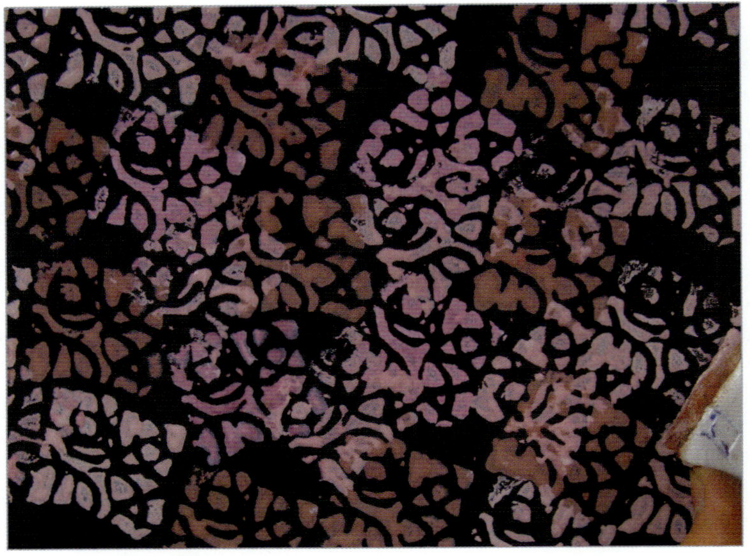

▶우드락으로 여러 번 찍기

용모양 우드락으로 찍기

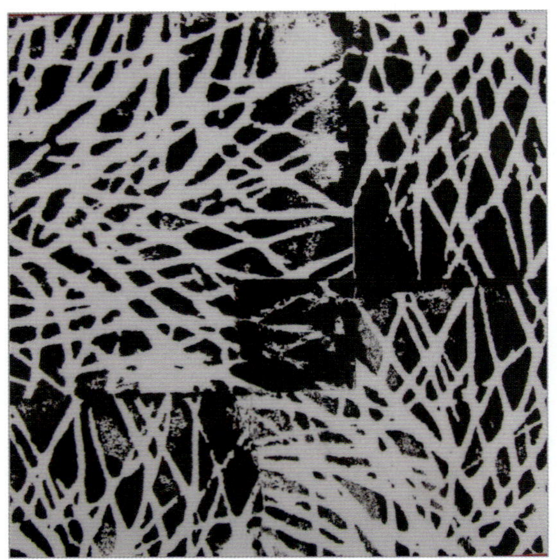

나무 줄기

나무

눈

우드락 조각 찍기 응용 ③

물고기 여행

내 친구

나무야, 놀자

사계절

어린이의 그림 활동

여러 장의 종이에 자신의 생각을 그리는 어린이는 호기심이 많고 활발한 성격일 가능성이 높다. 반면 단조로운 그림을 그리는 어린이는 내성적인 성격의 소유자일 수도 있다. 따라서 어린이들의 의구심을 유발시키고 스스로 해답을 찾아내도록 기회를 만들어주는 것이 중요하며, 일상 생활에서 겪을 수 있는 여러 가지 일들도 어린이들이 이해하기 쉽게 설명해주어야 한다.

우리 집 1

우리 집 2

피아노 치는 어린이

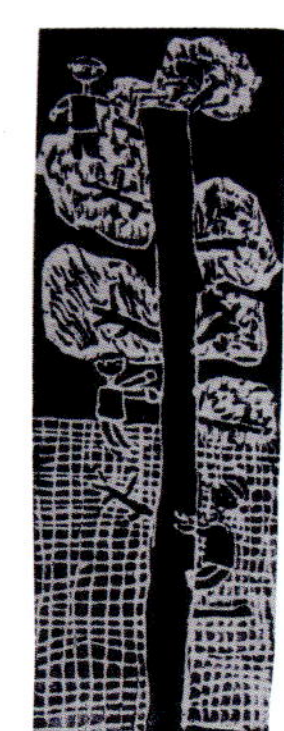
나무 1

나무 1

① 켄트지에 색칠한다.

② 롤러에 옵셋잉크(물감)를 묻혀 원판에 칠한다.

③ 원단 위에 색칠한 종이를 놓고 바렌으로 문지른다.

옥수수 먹는 어린이

우리 엄마

판화는 판의 형식에 따라 크게 볼록판화, 오목판화, 평판화, 공판화로 나눈다.

볼록판화 : 나무판, 고무판, 석고판, 종이판, 우드락판 등으로 만든다. 볼록판화는 표현방법에 따라 음각과 양각으로 나뉜다.

음각 : 선이나 모양을 파내고 다른 부분을 그대로 남겨놓는 것으로 찍었을 때 어두운 느낌이 난다.

양각 : 선이나 모양을 남기고 나머지 부분을 파내서 찍어내는 것으로 대체로 밝은 느낌이 난다. 음각이나 양각은 모두 볼록한 부분에 잉크를 묻혀 찍어내는 것이기 때문에 볼록판화에 속한다.

오목판화 : 셀룰로이드판, 아연판, 동판, 책받침 등으로 만든다. 판에 뾰족한 송곳으로 그림을 그려 홈을 판 후, 파인 홈에 잉크를 칠해서 종이에 프레스 기계로 찍어내는 판화이다.

드라이포인트 : 셀룰로이드판에 송곳으로 그림을 그린 후 잉크를 바르고 닦아 찍어내는 오목판화이다.

에칭 : 동판에 송곳으로 그림을 그리고 질산으로 부식시켜서 만드는 오목판화로 지폐를 만드는 데 이용한다.

평판화 : 새기는 과정이 없는 것이 특징이고 석판화, 옵셋, 데칼코마니, 마블링 등 여러 가지 표현방법이 있다.

공판화 : 구멍을 통해서 찍히는 것으로 다른 판화는 판의 그림과 찍혀 나온 그림의 좌우가 반대이지만 공판화는

우드락 본드 모던아트

- Lesson 10

■ **준비물** : 우드락 본드, 켄트지, 락카, 물감

우드락 본드 흘리기 응용 ①

▶ 켄트지에 색칠을 한다.

우드락 본드 흘리기 응용 ②

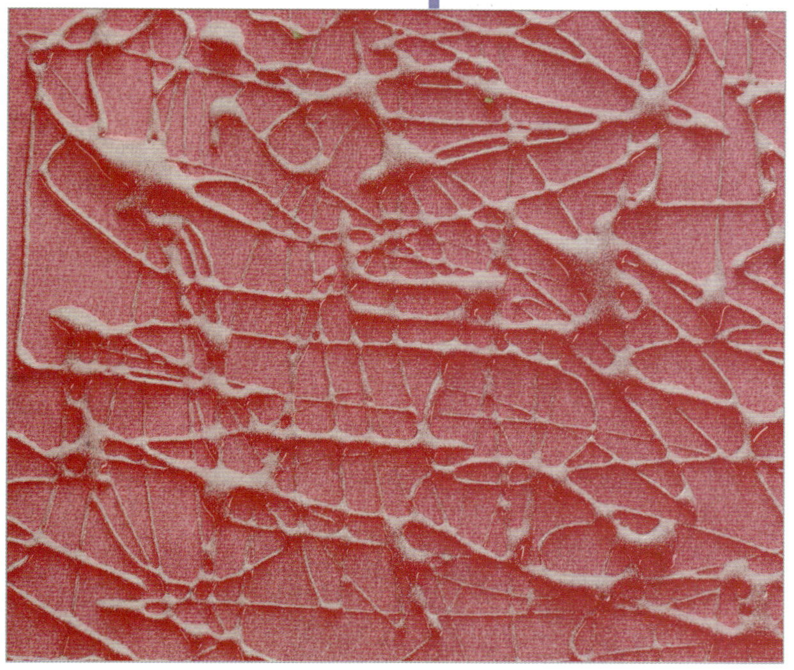

▶빨간 색지에 우드락 본드를 흘린다.
▶흰색 락카를 옆에서 뿌린다.

우드락 본드 흘리기 응용 ③

▶연두색 색지에 우드락 본드를 흘린다.
▶마르면 여러 가지 색으로 칠해본다.

우드락 본드 흘리기 응용 ④

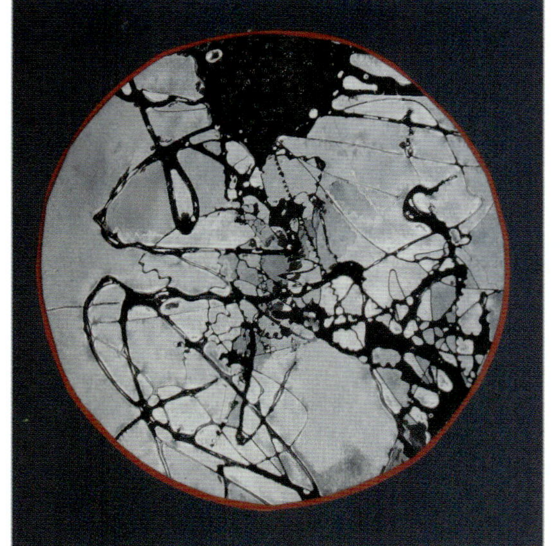

▶흰색 켄트지에 우드락 본드를 흘린다.
▶회색 락카를 옆에서 뿌린다.

우드락 본드 흘리기 응용 ⑤

▶흰색 켄트지에 우드락 본드를 흘린다.
▶완전히 마르면 여러 가지 색으로 칠해본다.

필름 모던아트

- Lesson 11

1. 폐품활용을 통한 조형 활동의 즐거움을 체험한다.
2. 필름이 일반적인 풀에도 잘 붙는다는 것을 알 수 있다.
3. 종이와 다른 표현감각을 느끼게 한다.

■ 준비물 : 현상된 필름, 슬라이드 필름, 풀, 가위, 색지, 물감, 붓, 크레파스, 운동화, 끈, 옷핀

필름 모던아트 응용작품

꽃과 나비 현상된 필름으로 모양을 만든다.

기차 여행 현상된 필름으로 모양을 만들고 물감으로 색칠한다.

해바라기

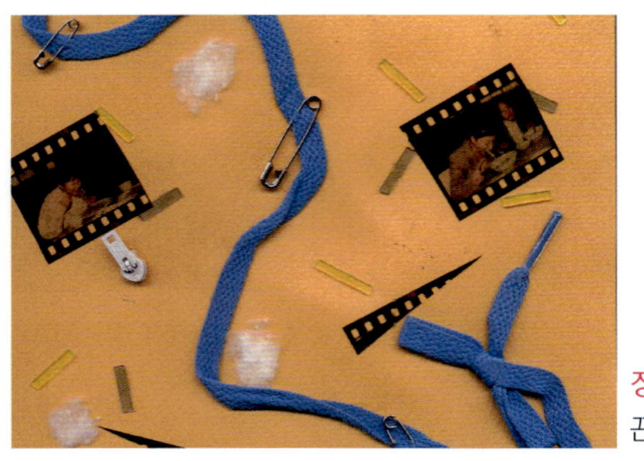

장식 필름 위에 사진을 붙이고 운동화 끈과 옷핀으로 장식한다.

필름 모던아트 응용작품

 필름을 모양 펀치로 뚫어 만든다.

이쁜이 필름을 오려서 만든다.

창의력이란?

　기존의 요소에 자기 자신의 아이디어를 결합해 새로운 것을 만들어내는 능력을 말한다. 창의력이란 기억의 재생 분석 및 판단 능력, 관찰, 주위를 집중시키는 능력, 아이디어 산출력 등을 말할 수 있으나 이 모든 것이 상상력에서 비롯되는 것이다. 따라서 오늘날 높은 수준의 생활을 할 수 있는 것은 창의력을 통해서 이루어졌다고 할 수 있다.

- ◆ 머리가 텅 비어있으면 창의력이 안 생긴다.(늘 생각을 해야 한다.)
- ◆ 내가 새롭다고 생각하면 그것이 바로 창의력이다.
- ◆ 내가 어제까지 몰랐던 것을 알아내면(다른 사람은 알고 있더라도) 그것이 창의력이다.
- ◆ 알고있는 것을 재구성하는 능력이 창의력이다.(정신능력)
- ◆ 창의력은 자유로운 분위기 속이라야 생긴다.(무에서 유)
- ◆ 우리나라 교육 개혁의 핵심은 창의력 개발에 있다.
- ◆ 수평적 사고와 확산적 사고가 창의력을 기른다.
- ◆ 생각하는 훈련(사고력 훈련)을 해야 창의력을 기를 수 있다.
- ◆ 창의력은 나이와 무관하며 개발하지 않으면 쇠퇴한다.
- ◆ 창의력은 상상력의 소산이다.
- ◆ 창의력은 반드시 논리적 사고가 뒤따라야 한다.
- ◆ 열린 마음에서 창의력이 생긴다.
- ◆ 창의력이 높은 사람은 재치있고 유머감각이 뛰어나다.
- ◆ 높은 자부심과 긍정적이고 적극적인 행동의 소유자가 창의력이 높다.
- ◆ 창의력은 학벌과 관계가 없다.
- ◆ 창의력은 성년기에 더 왕성하며 상상력은 연습해야 늘어난다.

지문 모던아트

- Lesson 12

1. 손가락으로 여러 가지 표현을 해 봄으로써 자신감을 갖게 한다.
2. 크레파스나 붓으로 그리지 않고 손가락으로 찍어 그려도 아름다운 작품이 된다는 것을 체험할 수 있다.
3. 손가락에 물감을 묻혀 찍고 그려봄으로써 촉감을 느껴보게 한다.

■ **준비물** : 색지, 물감, 팔레트, 사인펜

지문 찍기 응용 ①

▶게들이 하나, 둘, 셋, 행진을 하고 있어요.

① 손가락에 물감을 묻힌다.

② 흰색 종이 위에 찍는다.

③ 네임펜으로 '게' 모양을 그린다.

④ 게를 여러 마리 그린다.

지문 찍기 응용 ②

▶ 가는 그물망에 물감을 묻혀 솔로 문질러 게들이 지나가는 갯벌을 표현한다.

지문 찍기 응용 ③

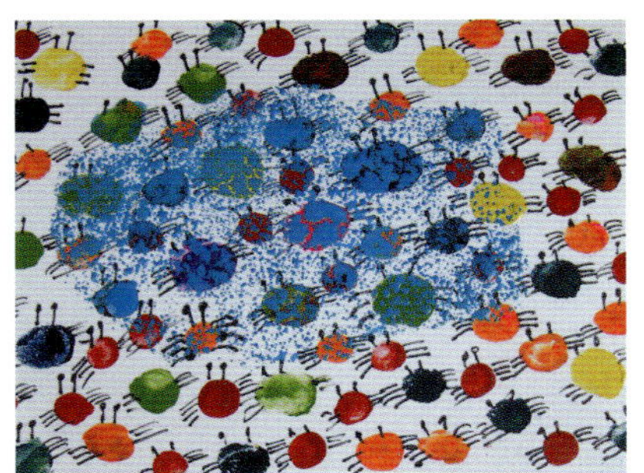

▶ 구멍을 낸 종이를 덮고 그물망에 물감을 묻혀 뿌린다.

참고하세요

★주문을 하지 맙시다

어린이가 열심히 그린 그림에 "이게 도대체 뭐야?", "이건 이렇게 하지 그랬니?", "약간 이상하다", "여기다 더 좀 그려라" 등 교사의 일방적인 생각으로 여러 가지 주문을 하지 말아야 합니다.

어린이의 그림은 완성된 그림(결과)에 가치가 있는 것이 아니고 그림을 그리는 과정에서 어떤 생각을 하고 무엇을 표현하고자 노력하였는가가 중요합니다.

필요없는 주문을 한 번 할 때마다 어린이의 표현력은 1보 후퇴합니다. 질문을 하고 싶다면 어린이에게 "왜 이런 그림을 그렸니?"라고 묻는 것이 좋습니다. 그리고 어린이와 대화를 나누면서 무엇을 표현하고자 하는지 그 이야기에 귀를 기울입니다. 이 과정에서 답답하다고 어린이의 그림에 손을 대서는 안됩니다. 교사와 어린이가 이야기를 거듭하면서 어린이의 머리속에는 그리고자 하는 것의 영상이 차례차례 떠올라 표현의 폭이 끝없이 넓어집니다. 어린이의 생각의 폭을 넓히기 위해 교사는 언제나 이야기를 잘 들어주어야 합니다. "여기는 이랬으면 좋았을 걸"이라는 의견을 말하지 말고 "지금부터 어떻게 할 거니?"라고 어린이의 생각이 앞서가도록 유도해 주십시오.

① 색지 위에 물감을 조금씩 짠다.

② 손가락으로 물감을 펼쳐서 문지른다.

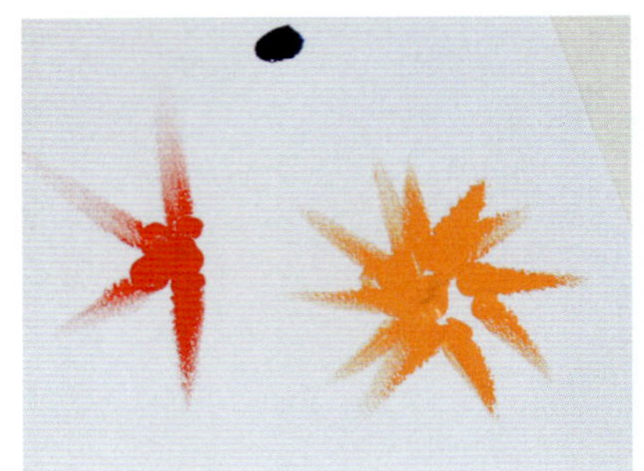

③ 같은 방법으로 그린다.

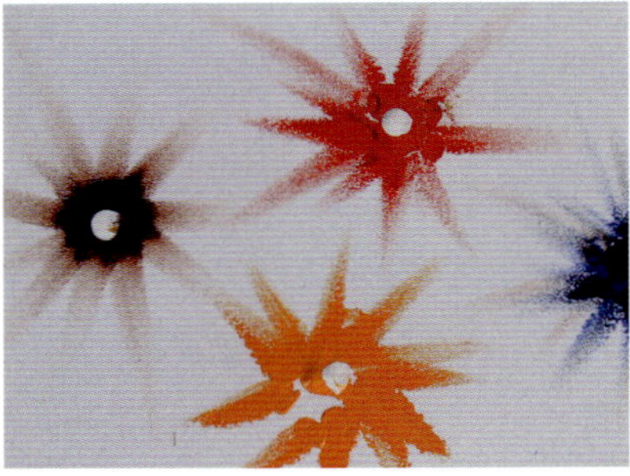

④ 여러 가지 색깔을 이용해서 그린다.

⑤ 여러 방향으로 펼쳐서 문지르고 지문을 찍어본다.

지문 찍기 응용 ⑤

▶나무를 그리고 그 위에 지문을 찍는다.

▶꽃모양으로 찍고 스쳐본다.

▶방향을 바꿔서 문질러본다.

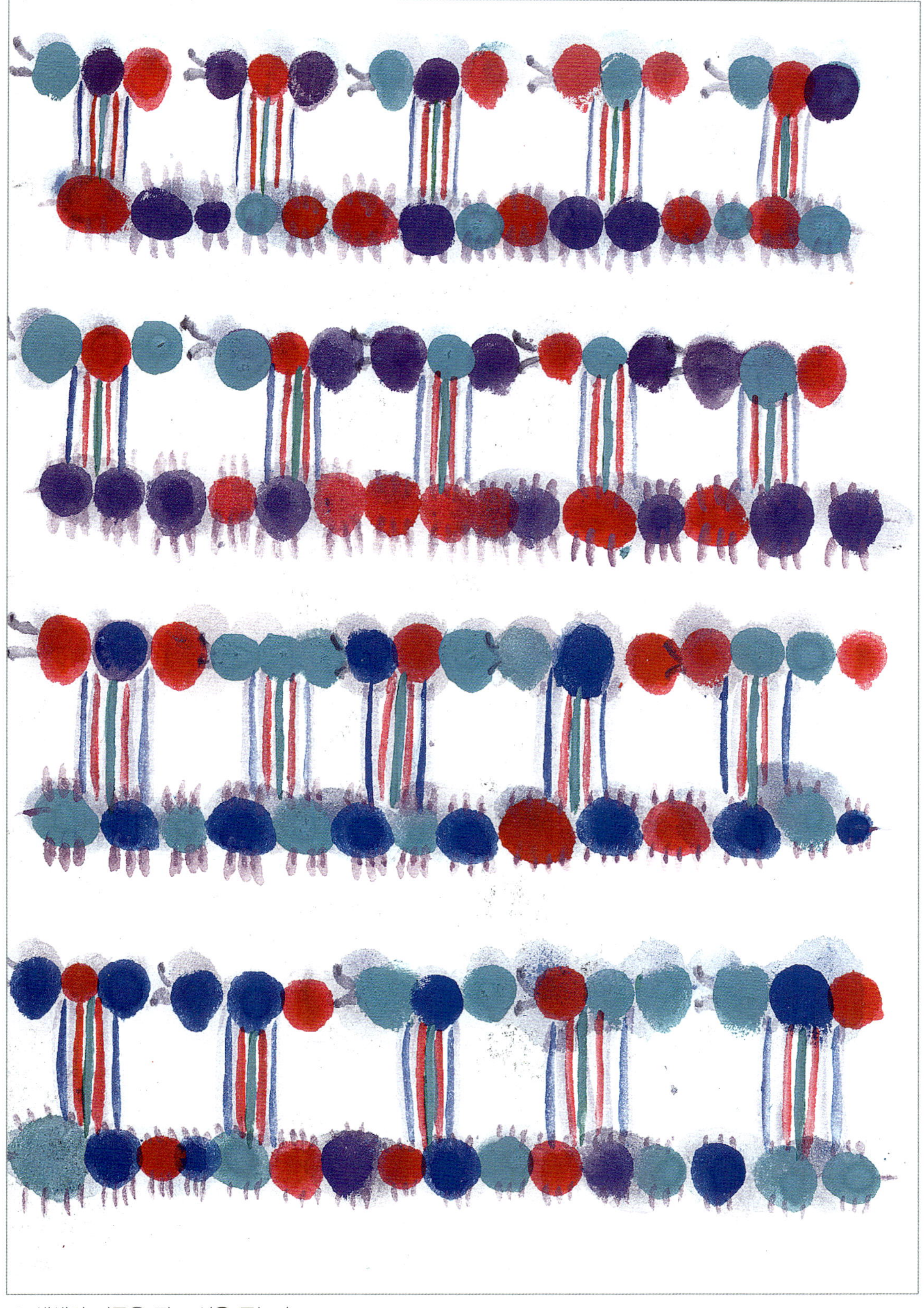

▶색색의 지문을 찍고 선을 긋는다.

키재기

올챙이

사탕

개미들의 행진

야경

면봉 모던아트
- Lesson 13

1. 면봉으로도 아름다운 조형 활동을 할 수 있다는 재미있는 사실을 체험한다.
2. 물감을 잘 섞어 찍어보게 한다.

■ 준비물 : 면봉, 물감, 붓, 색지, 풀, 네임펜

면봉 찍기 응용 ①

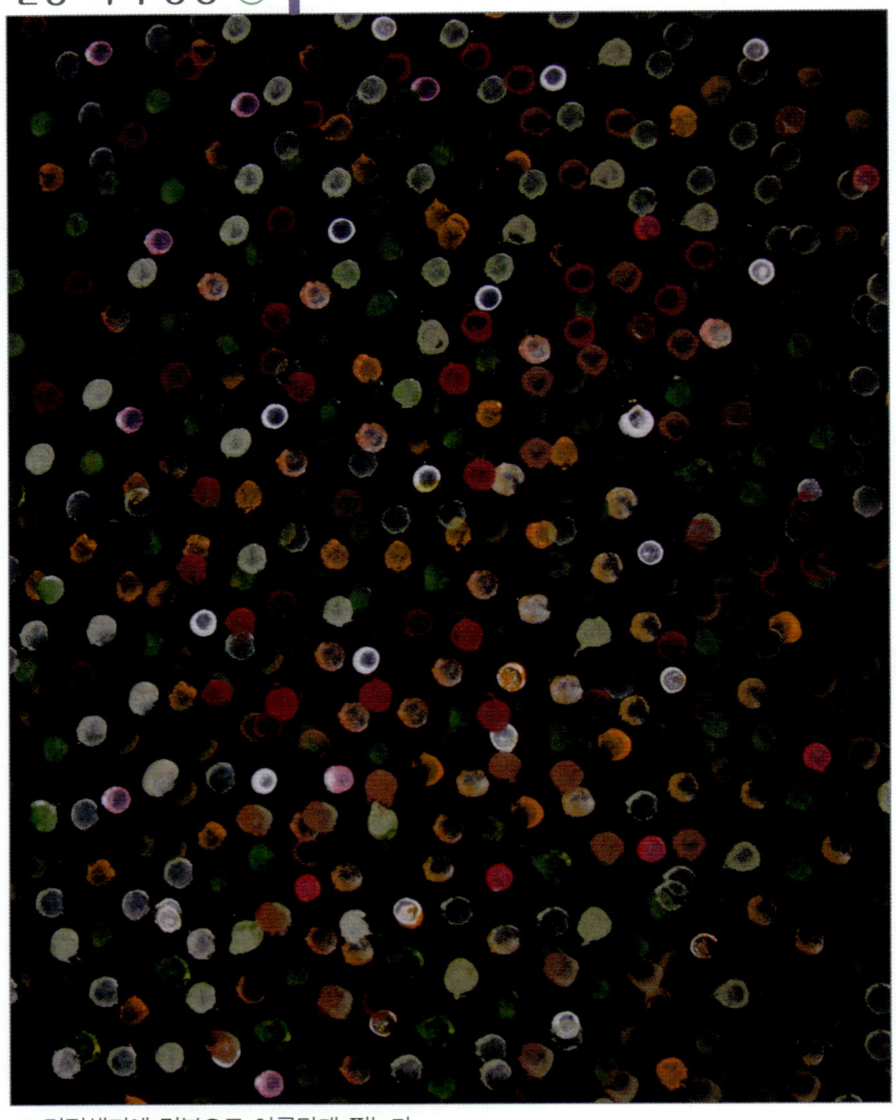

▶ 검정색지에 면봉으로 아름답게 찍는다.

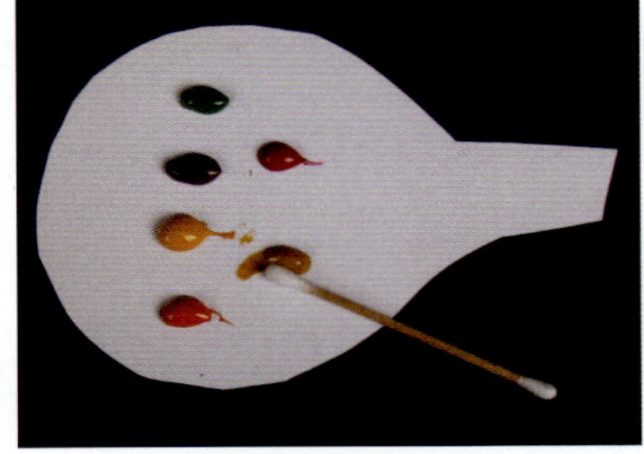

① 좋아하는 색의 물감과 면봉을 준비한다.

② 면봉에 물감을 잘 묻힌다.

③ 색지에 예쁘게 찍는다.

면봉 찍기 참고작품

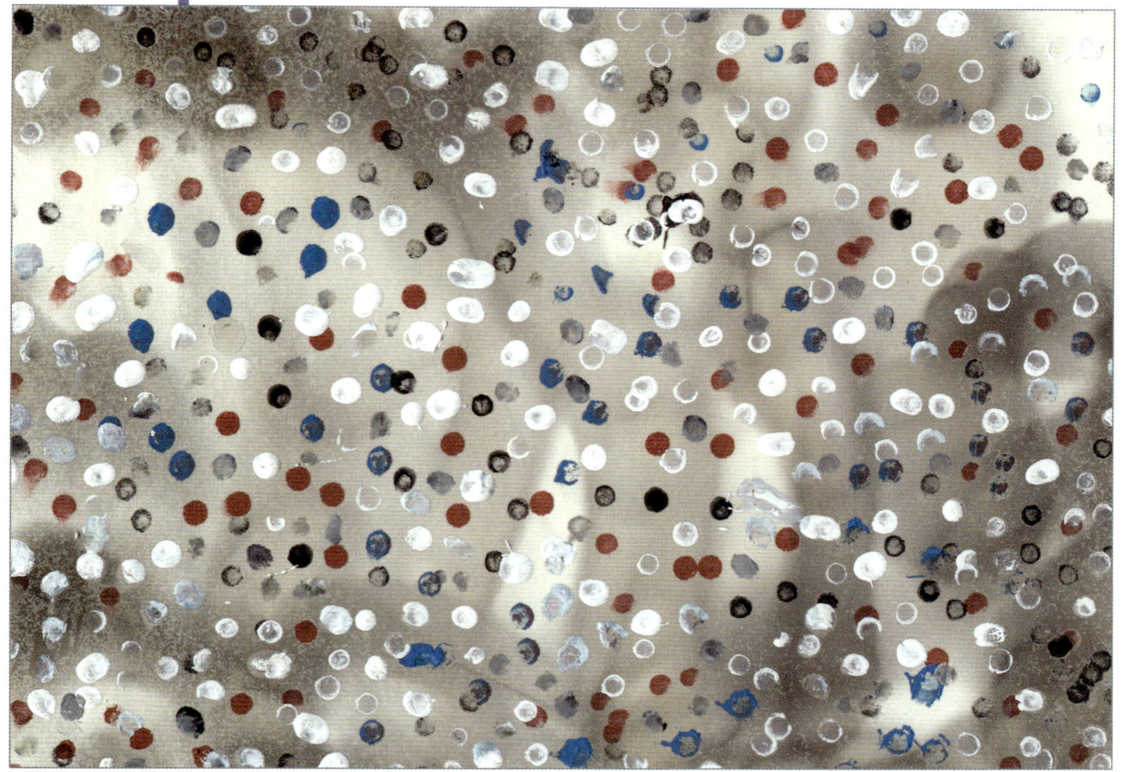

흐린날

조약돌

▶자유롭게 찢어 붙이고 붓으로 그려본다.

▶면봉 찍은 종이를 오려 붙이기

▶모양을 붙이고 면봉으로 동그라미 그리기

▶잡지 그림에 면봉 찍기

▶면봉 찍은 종이 붙이고 그림 그리기

면봉 찍기 응용 ③

▶면봉을 부분적으로 찍어준다.

▶그려진 그림 위에 붓과 면봉을 이용해서 찍어 그린다.

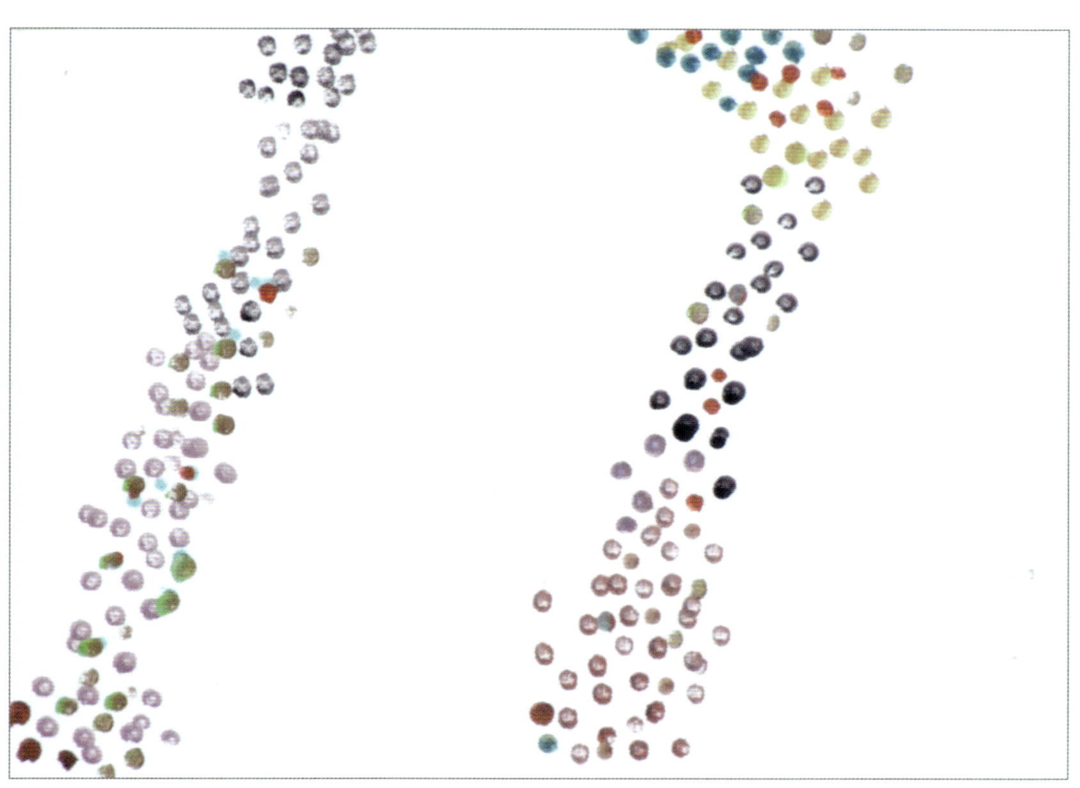

▶자유롭게 찍기

붕대(거즈) 모던아트

-Lesson 14

지도목표

1. 실물 판화에 대하여 이해한다.
2. 붕대(거즈)에 물감을 묻혀 여기저기 찍어본다.

■ **준비물 :** 붕대(거즈), 물감, 색지, 켄트지, 크레파스

붕대 찍기 응용 ①

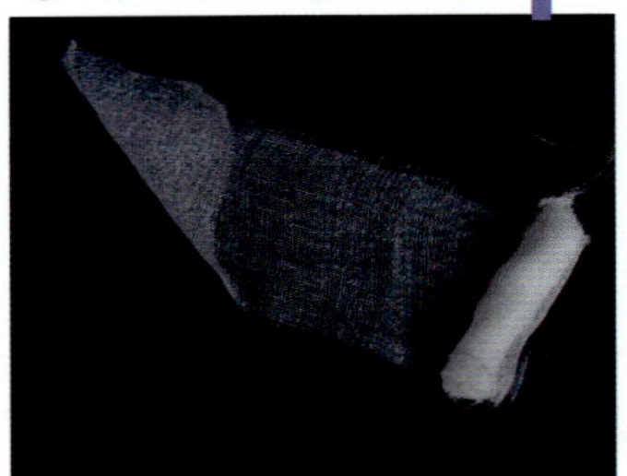

① 붕대(거즈)를 사용하기 좋은 크기로 자른다.

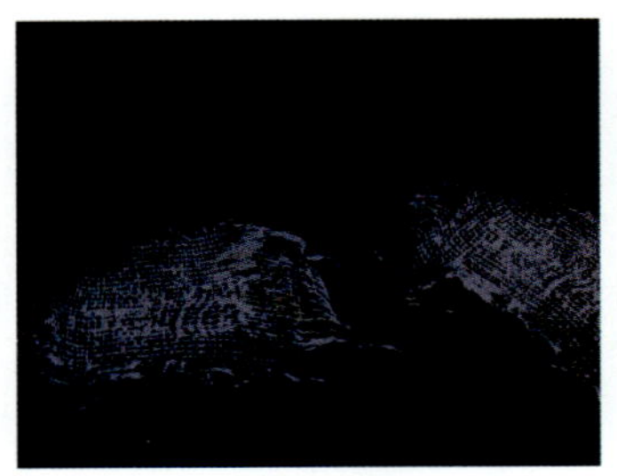

② 붕대(거즈)에 물감을 묻혀서 색지 위에 놓고 손바닥으로 눌러 찍는다.

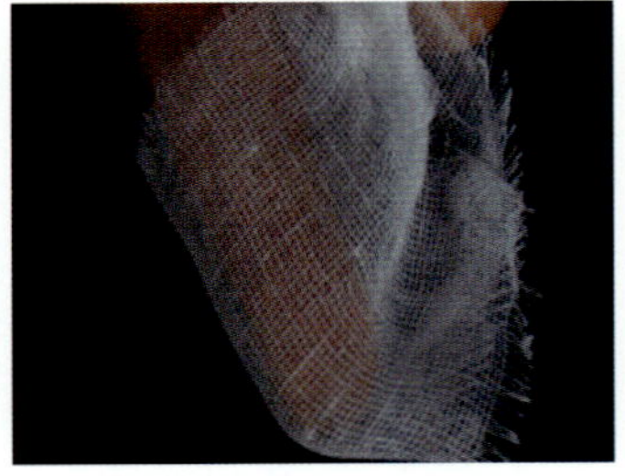

③ 손가락에 감아서 찍어본다.

붕대 찍기 참고작품

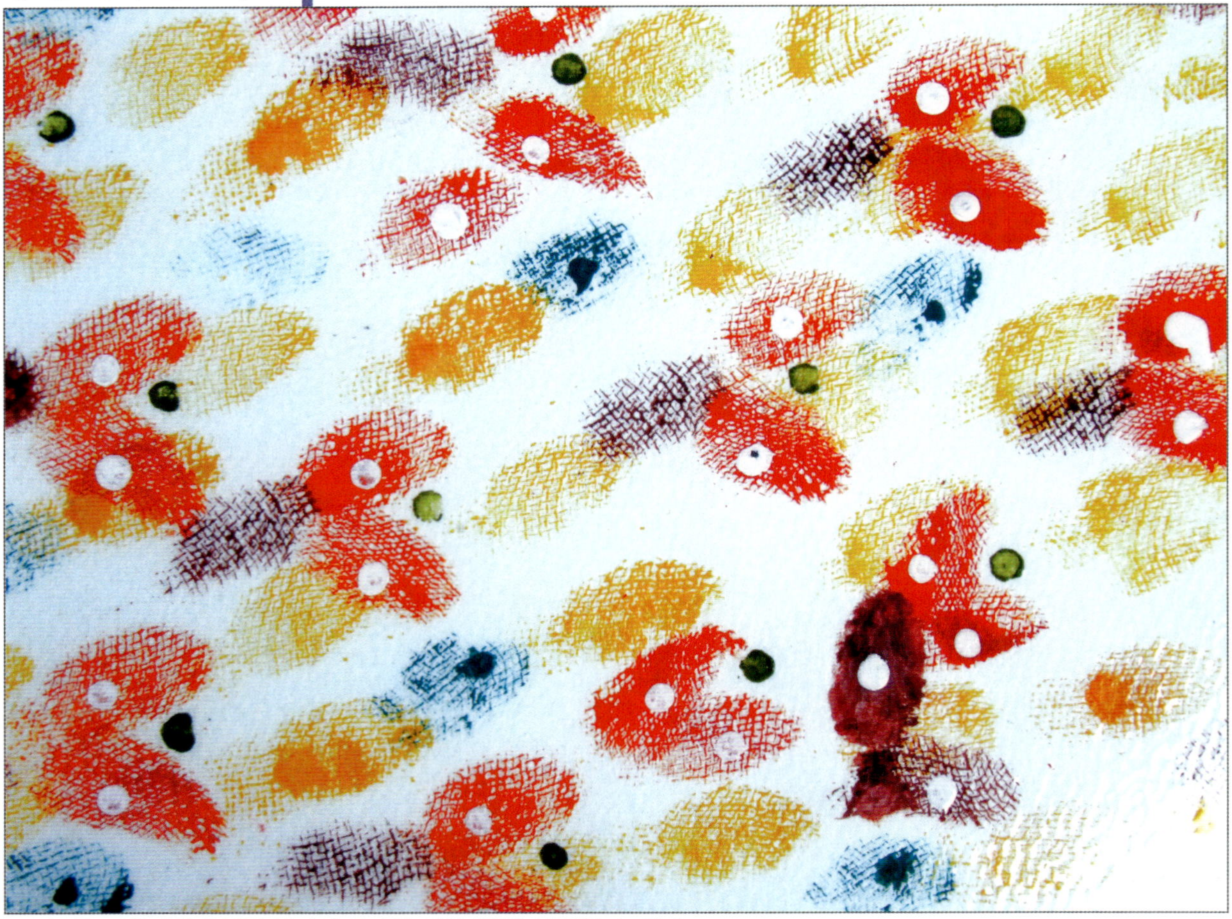

▶거즈를 이용하면 훌륭한 질감의 효과와 아름다움을 발견할 수 있다.

붕대 찍기 응용 ②

엄마 공작새

① 종이를 자른다.

② 눈을 붙인다.

③ 날개선을 그린다.

④ 거즈를 손에 감고
   날개를 찍는다.

⑤ 붕대를 검지에 감
   고 물감을 묻혀 찍
   는다.

나뭇잎 모던아트
- Lesson 15

1. 여러 가지 나뭇잎을 이용하여 판화놀이를 할 수 있다는 것을 알게 한다.
2. 자연과 더불어 즐거운 조형놀이를 할 수 있도록 한다.

■ 준비물 : 여러 가지 나뭇잎, 물감, 붓, 팔레트, 켄트지, 색지, 크레파스

나뭇잎 찍기 응용 ①

① 물감 칠하기

② 두드리기

③ 색지에 찍기

나뭇잎 찍기 응용작품

나뭇잎 찍기 응용 ②

▶나뭇잎에 물감을 칠해서 자유롭게 찍어
본다.

▶검정색 물감으로 찍고 파스텔을 문질러
본다.

▶그림을 그리고 적당한 부분에 나뭇잎을
찍는다.

나뭇잎 찍기 응용작품

발레리나

백설공주 집

요술꽃

나뭇잎 여행

나비

▶나뭇잎 모아 색칠해서 찍기

▶나뭇잎으로 모양 만들어 찍어보기

▶여러 나뭇잎 구성해서 물감 칠해 찍기

나뭇잎 찍기 응용작품

아기 사자

영차영차

물고기야, 놀자

신난다

민속미술 :

현대에 이르러 우리는 '우리 것을 찾자' 라는 정체성을 강조하게 되었다. 무분별한 외래 문명이 판을 치는 가운데 우리 것의 존재는 온데간데 없고 아이들 또한 무작정 외제를 찾는 기로에 서 있는 것이다.

놀이 또한 마찬가지이다. 우리네 전통 민속 놀이에는 재미있는 놀이가 많이 있다. 하지만 현대의 어린이들은 바깥에서 뛰어노는 놀이보다는 실내에서 할 수 있는 간단한 놀이를 선호한다. 아이들 그림에서도 그러한 내용이 그대로 나타난다. 팽이치기보다는 탑 블레이드 놀이를 그리는 경우가 단적인 예이다.

한국 고유의 민속 미술은 우리 민족과 역사의 정수로 우리나라 각 지방 옛 서민들의 생활 유품이자 우리 민족 문화의 기록이다. 어린이들은 민속품이나 문화재를 접해봄으로써 즐거움을 느끼고 과거 우리 조상들의 훌륭한 예술 업적을 알게 된다. 한국 고유의 문화재와 민속품, 민예품 등을 통해 아이들은 역사의 기원과 조상들의 흔적을 보고 배울 수 있다.

전통 문화를 아끼고 보존하는 태도를 어릴 때부터 심어주어 조상의 아름답고 가치있는 생활 양식을 알게 하는 것도 유익한 교육이다. 우리 조상의 의복, 장신구, 생활용품 등을 여러가지 폐품을 이용하여 재현해 봄으로써 어린이들의 미술품에 대한 관심과 흥미를 불러일으킬 수 있다.

스펀지 모던아트 - Lesson 16

1. 실물 판화에 대하여 알아보고 스펀지로도 판화를 할 수 있다는 것을 체험한다.
2. 스펀지로 찍어서 여러 가지 모양을 표현해 본다.

■ **준비물 :** 스펀지, 물감, 붓, 네임펜, 팔레트, 색지, 켄트지, 크레파스

스펀지 찍기 응용 ①

▶동그란 스펀지에 물감을 묻혀 흰색 종이에 찍는다.
▶유성 매직으로 그림을 그린다.
▶크레파스 또는 물감으로 색칠한다.

스펀지 프린트 :

　판화놀이 중에서 실제 물건에 물감을 묻혀 찍어 보는 것을 실물판화라고 한다. 스펀지 프린트는 스펀지에 물감을 묻혀 찍어보는 것으로 매우 쉽고 재미있는 실물판화의 한 종류이다. 볼록한 부분이 찍혀 모양을 형성하는 것이기 때문에 볼록 판화에 속한다. 스펀지는 매우 부드럽고 촉감이 좋으며 한 번 물감을 묻히면 여러 번 찍을 수 있기 때문에 판화의 특징을 교육적으로 잘 표현할 수 있다. 3세부터 12세까지 누구나 쉽게 할 수 있는 판화놀이다.

고독한 나무

스펀지 찍기 응용 ②

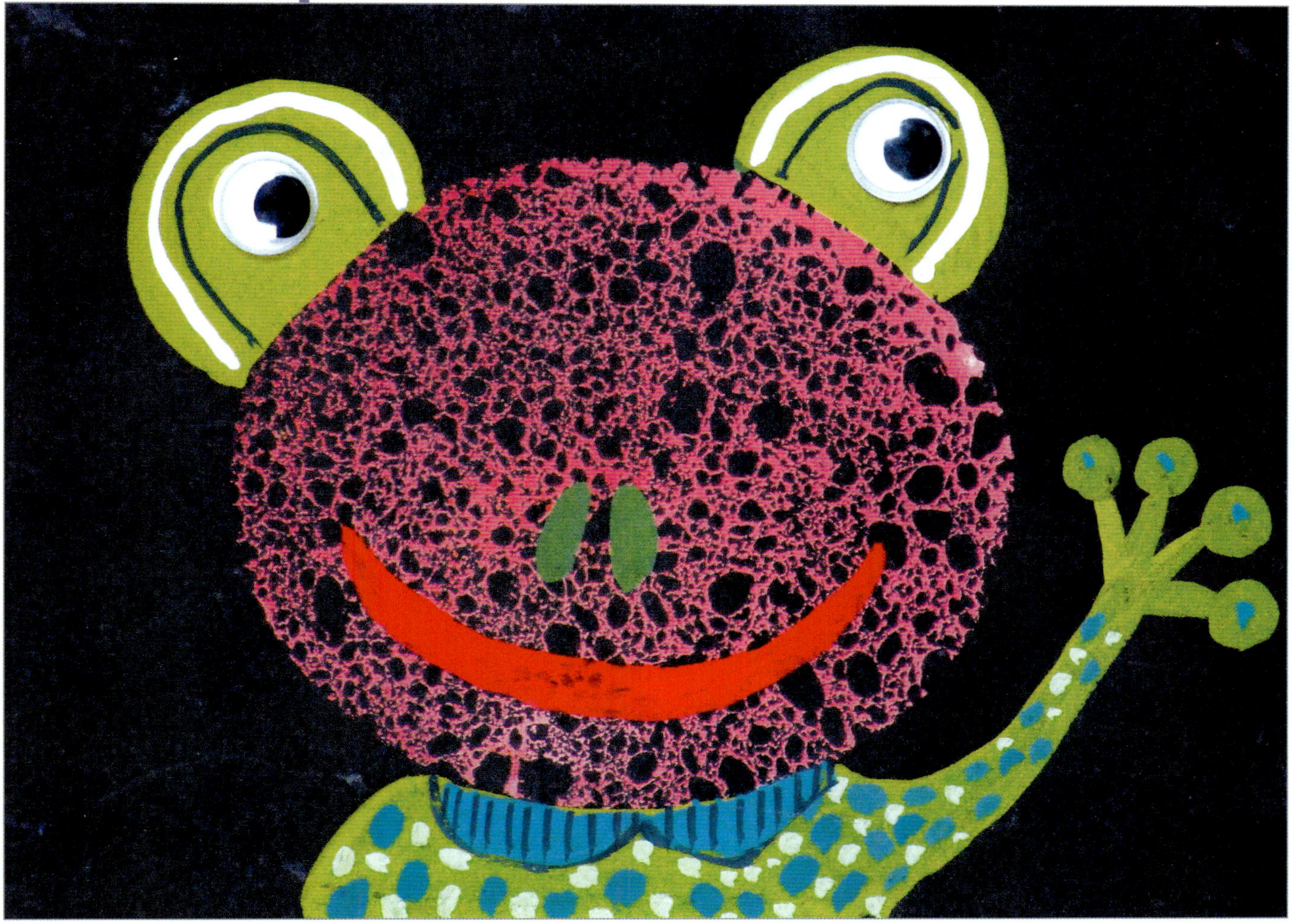

▶스펀지에 물감을 칠해서 찍은 후 그림을 그린다.

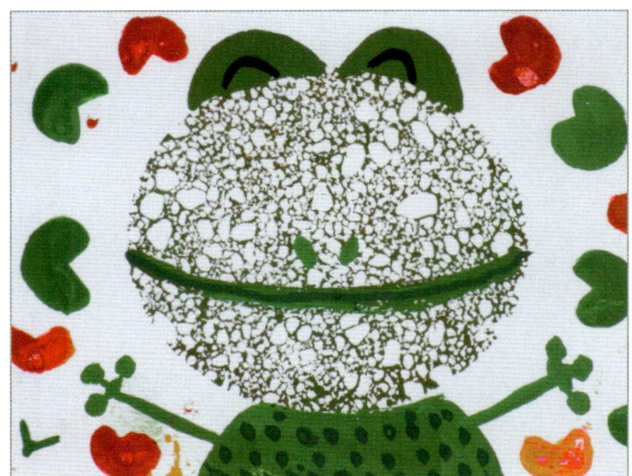

▶스펀지에 물감을 칠해서 찍은 후 그림을 그린다.

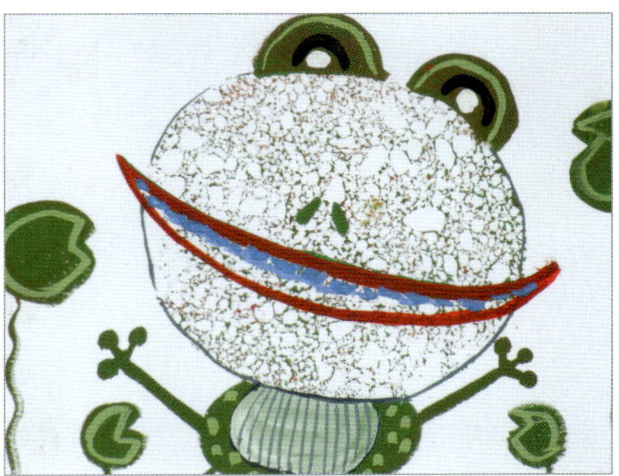

노래하는 개구리

행복한 나라

표현방법

1. 스펀지로 자유롭게 찍고 그림을 그린다.
2. 어떤 모양 같은지 서로 이야기를 나누어보자.

우주세계

숲 속의 집

학년별 감상 능력의 발달

■1단계 – 유아기 단계

–자기 중심적이기는 하지만 조금씩 좋고 싫음이란 주관이 생기기 시작한다. 그러나 이것은 어디까지나 자기만의 가치 판단이다. 한편 이 시기의 유아는 사회에 동화되기 위한 강한 모방욕구가 생기고 부모의 행동을 따라하려고 한다. 이런 점을 고려하여 유아들의 환경을 미술적 환경으로 만들어줄 필요가 있다.

풍뎅이 스펀지 찍고 풍뎅이 모양 그리기

풍뎅이 스펀지 찍고 풍뎅이 모양 그리기

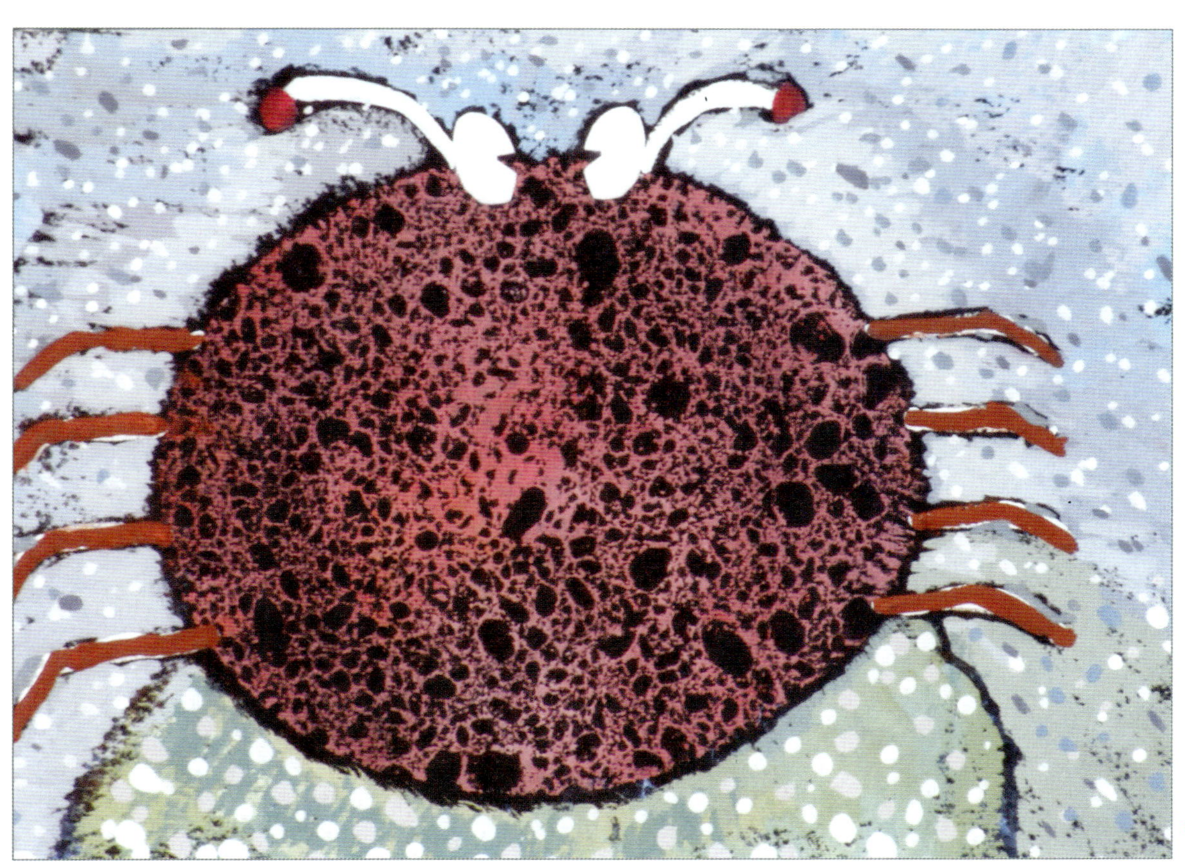

집에 가자

기린과 놀자

새

2차 세계대전 이후 "아동화"라는 영역이 확립되었습니다. 그에 따라 학교 교육에서 사생위주의 아동미술교육이 자리를 잡게 되었습니다. 대부분 초등학교 시절 풍경이나 정지된 물건을 보고 그렸던 기억이 있을 것입니다. 하지만 기존의 사생은 기술적인 요소를 요구하는 부분이 많았습니다. 미술도구가 아닌 다른 물건을 활용한다거나 물감을 불거나 마블링을 하는 등의 미술활동은 거의 이루어지지 않았던 것입니다.

오늘날의 미술교육은 어린이로 하여금 대상을 똑같이 그려내게 하는 것보다 감성을 자극하고 창의력을 길러주는 활동을 강조하고 있습니다.

특히 유아나 저학년의 어린이들에게는 장난감같이 주변에서 흔히 볼 수 있고 접촉할 수 있는 것을 대상으로 삼아주는 것이 좋습니다.

어떤 선생님이 교탁 위에 작은 인디언 인형을 올려놓고 서부개척 시대 때 자주 일어났던 인디언과 백인 간의 전쟁 이야기를 들려주었다고 합니다. 그리고 아이들로 하여금 그림을 그리게 했습니다. 어떤 아이들은 선생님의 이야기가 끝나기도 전에 그림을 그렸습니다. 인디언이 폭탄을 맞는 그림, 죽은 인디언들이 불쌍하다며 백인의 머리 위에 ×표를 한 그림 등, 아이들은 제각각 다양한 그림을 그렸습니다. 이 어린이들은 모두 교탁 위에 놓인 인디언 인형을 그린 것이 아니라 선생님의 이야기를 듣고 자신을 그 이야기에 동화시켜 그림을 그린 것입니다. 이와 같이 미술활동은 어린이의 창의성을 높여주는 계기가 됩니다.

숲 1

숲 2

어린이는 생활 속에서 그림을 그리면서 꿈을 키우고 성장해 갑니다. 어린이가 관심을 가지고 좋아하는 사물은 모두 좋은 대상이 될 수 있으며, 그 사물에 의미를 부여하고 그것을 그림으로 표현해 낼 때 부모나 교사는 칭찬을 아끼지 말아야 합니다. 이런 과정을 통해 어린이는 성취감을 느끼고 자신감을 키울 수 있습니다. 그러므로 대상을 정할 때 어린이들과 무관한 사물은 선택하지 않는 것이 좋습니다.

어린이 미술에서 중요한 것은 대상을 보고 똑같이 묘사해 내는 능력이나 기술을 가르치는 것이 아니라 상상력과 창의력을 길러주는 것입니다. 먼저 어린이로 하여금 시각적으로 대상을 느끼게 하고 충분히 그 느낌을 표현할 수 있도록 기다려주는 것이 필요합니다.

일반적으로 만 9세 이상부터는 입체적인 대상을 그릴 때, 단순한 묘사가 아닌 그것을 통하여 사물의 구조나 원리 등을 배울 수 있다고 여겨지고 있습니다. 또 사물을 사실적으로 받아들일 수 있게 됩니다. 이는 유아기 때는 사물을 평면으로 인식하지만 나이를 먹고 성장할수록 공간적인 개념이 생겨 사물을 입체적으로 받아들이기 때문이라고 합니다. 그러므로 이 연령의 어린이들은 대상을 좀 더 실물에 가깝게 그리려는 욕구가 강합니다. 이 시기가 되면 오히려 대상을 더욱 자세하게 관찰하게 하는 방법으로 지도하는 것이 좋습니다. 예를 들어 대상의 굴곡 등을 세심하게 살펴보게 한 뒤 연필로 그림자를 그리게 해봅니다. 이렇게 완성된 그림은 어린이 스스로가 관찰한 느낌을 표현한 것이기 때문에 강한 성취감을 느끼게 될 것입니다.

부모나 교사는 늘 어린이가 기꺼이 미술 활동에 참여할 수 있도록 충분히 연구하고 준비해야 할 것입니다.

아이스크림 막대 모던아트
– Lesson 17

■ **준비물** : 아이스크림 막대, 물감, 붓, 네임펜, 팔레트, 두꺼운 종이(검정), 접착제

아이스크림 막대에 그리기 응용 ①

▶아이스크림 막대에 여러 모양의 사람을 그리고 검은 종이에 일정한 간격을 띄어 붙인다.

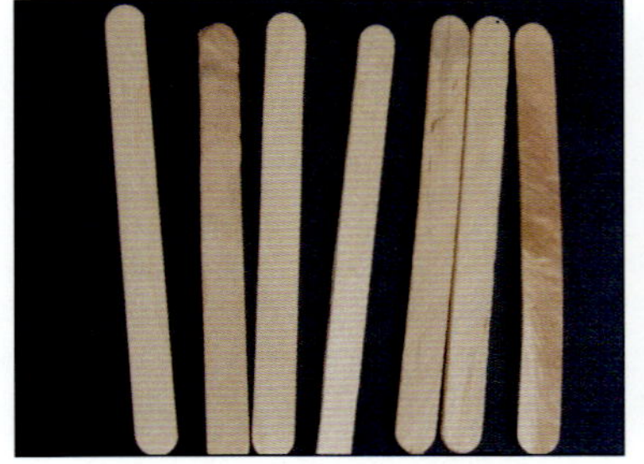

① 아이스크림 막대를 준비한다.

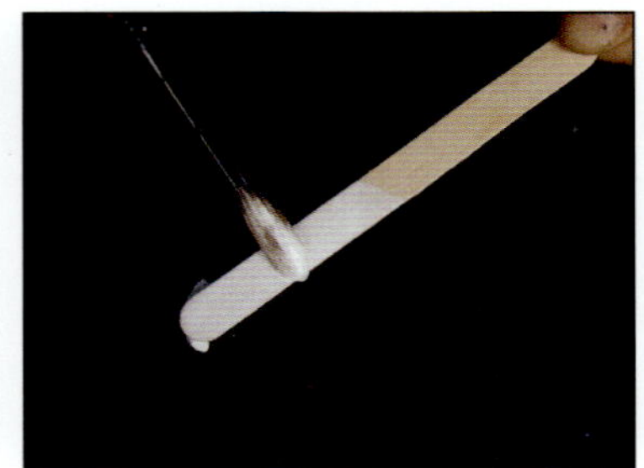

② 막대에 흰색 물감을 칠한다.

③ 검정색 네임펜으로 그림을 그린 후 사인펜, 네임펜, 물감 등으로 색칠한다.

아이스크림 막대에 그리기 응용 ②

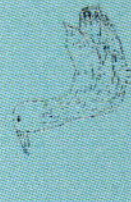

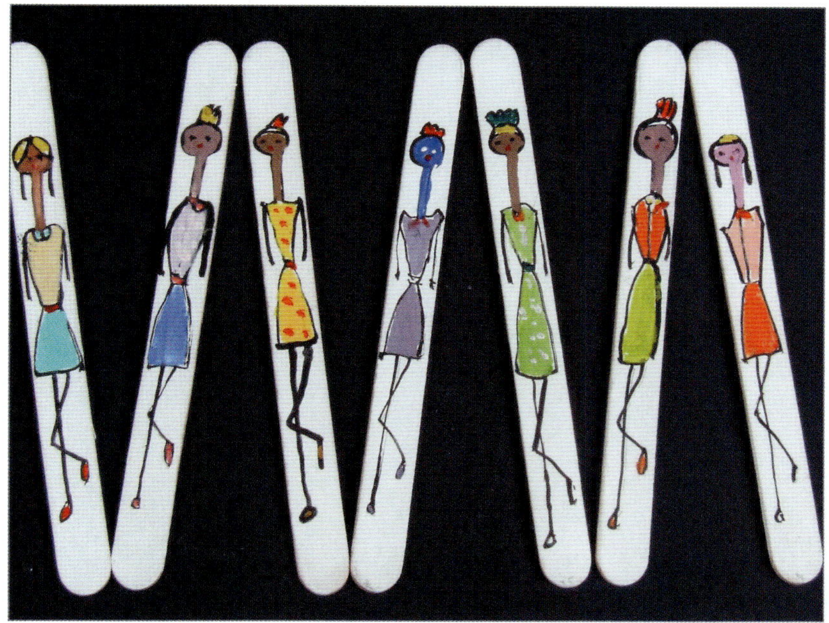

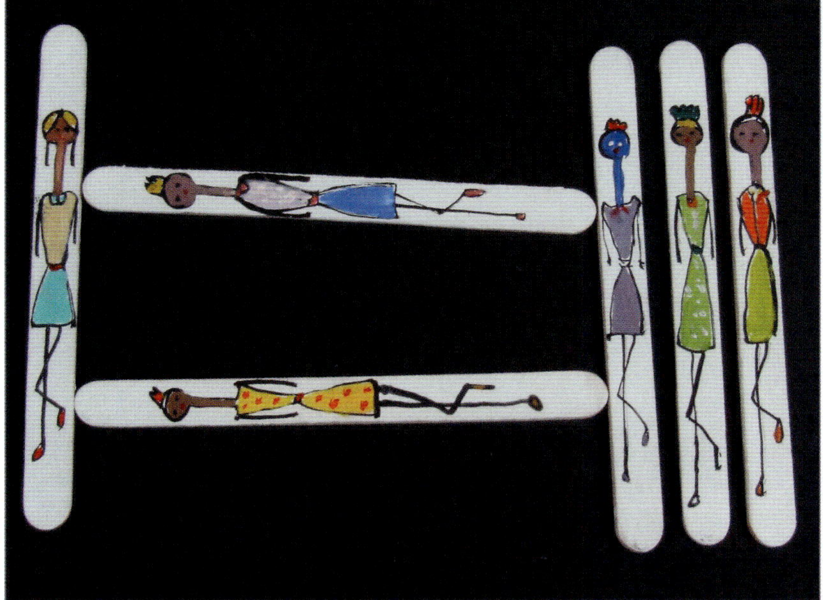

▶아이스크림 막대에 그림을 그려 여러 가지 방법으로 나열해본다.

알아둡시다!

윤곽 드로잉(Contour Drawing) :

　윤곽 드로잉이란 입체 형상을 선으로 표현하는 드로잉 방식이다. 선의 외형이 형체이며 선의 두께로 명암 또는 색을 표시한다. 소재에 대한 세부 묘사는 하지 않으나 보는 이들이 자신의 경험과 상상력으로 이해할 수 있다. 윤곽 드로잉은 아마 가장 빠르고 정확하게 그릴 수 있는 드로잉 방법 중의 하나일 것이다.

▶아이스크림 막대에 코끼리 모양을 물감으로 그리고 일정한 간격을 두고 붙인다.

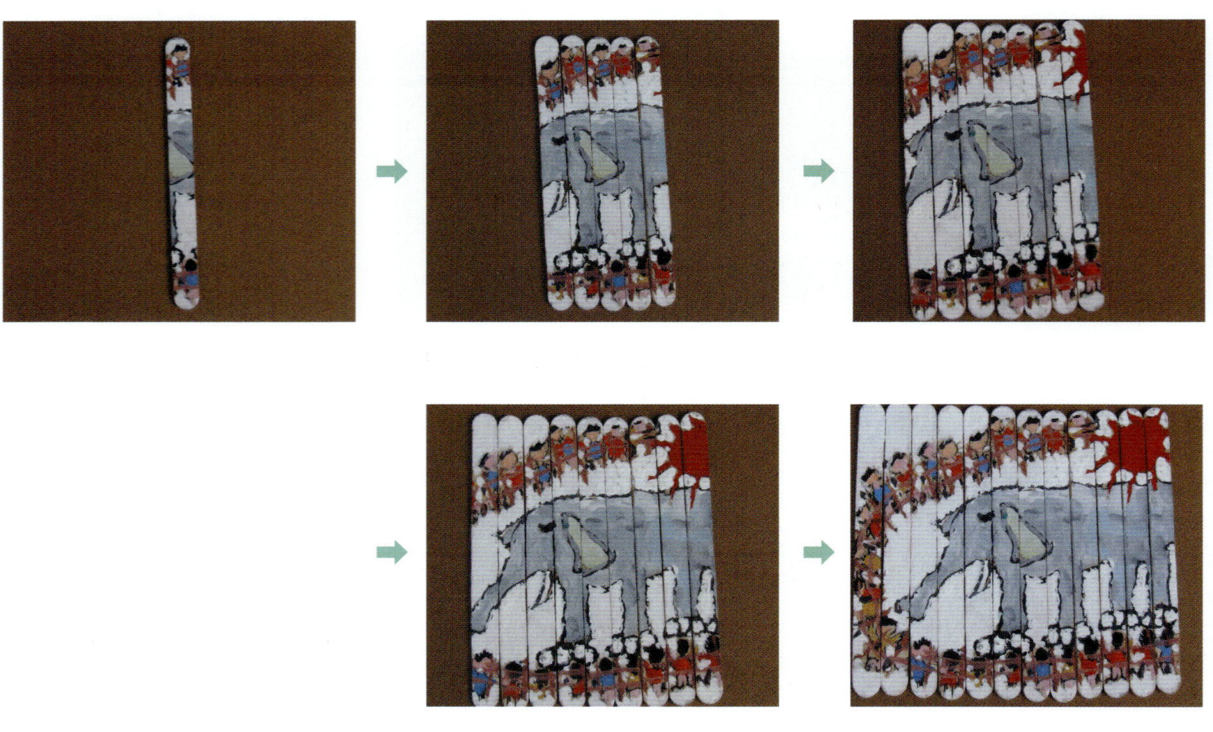

아이스크림 막대에 그리기 응용 ④

▶아이스크림 막대에 그린 코끼리를 달력 그림에 붙이면 서로 다른 그림과도 잘 어울리는 작품이 된다.

알아둡시다!

개성있는 그림(창조) :

그림을 그린다는 것은 평면 위에 선이나 색으로 자기 생각과 느낌을 자유롭게 표현하는 것이다. 사람은 개개인의 생각과 감정, 느낌 모두가 다르다는 것을 알아야 하며 서로 다르다는 것을 가장 쉽게 인지할 수 있는 것이 바로 미술의 영역이라 하겠다. 쉽게 말하면 어린이들 스스로가 서로 다르다는 것을 그림을 통해서 알게 하는 것이다. 때문에 잘 그리고 못 그리고가 아니라 자신만의 멋을 찾고 자신감과 용기를 갖게 해야 개성적인 그림을 그릴 수 있다.

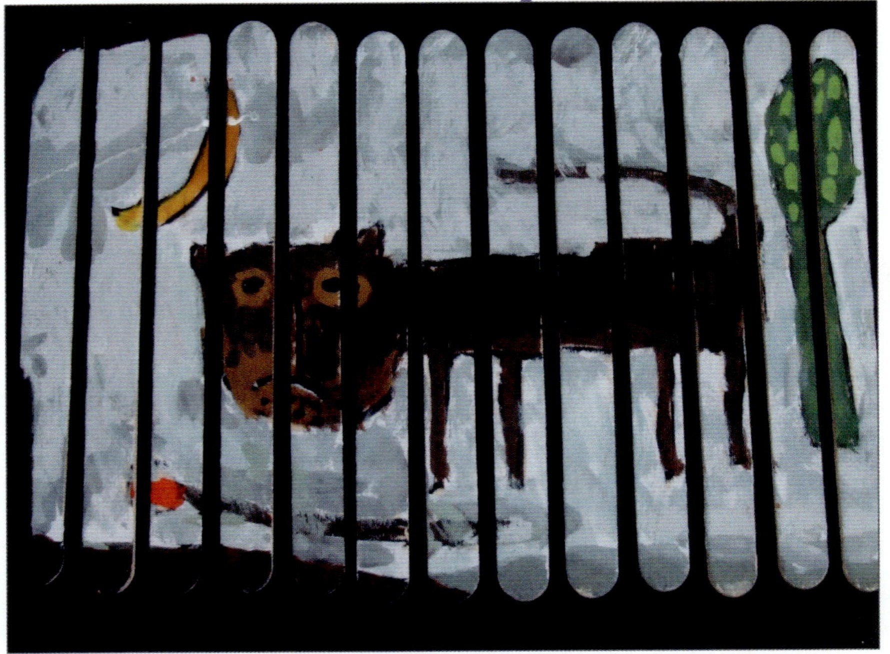

밖에 나가고 싶어요

표현 방법

1. 아이스크림 막대에 포스터 컬러로 바탕을 칠한다.
2. 나란히 놓고 스카치 테이프로 고정시킨다.
3. 호랑이 모양과 나무 등을 그린다.
4. 색칠을 하고 일정한 간격으로 붙인다.

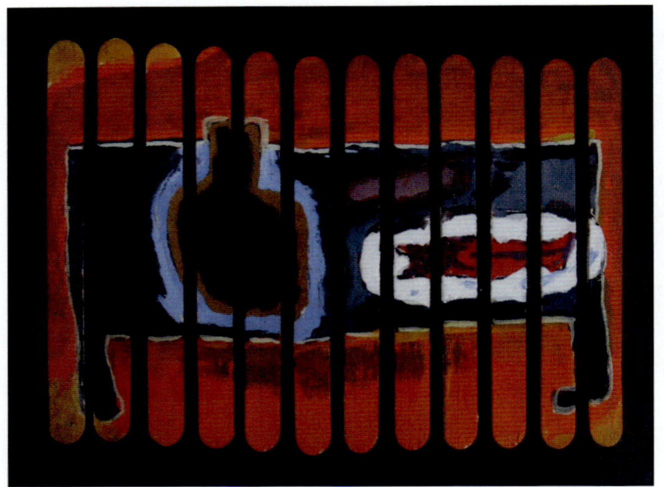

식탁 위에 물고기 한 마리

돌고래 쇼를 보고

아동 미술 이론

　　창조란 단어는 원래 전에 없던 것을 처음으로 만드는 것을 뜻하지만 미술 교육에서는 기존의 것을 조합하거나 거꾸로 분해하거나 혹은 같은 소재라도 그것을 새로운 방식으로 재결합하는 등, 현재와는 다른 형태로 재구성하는 것을 말한다. 어린이가 무언가를 재구성하면서 즐거워하고 감동할 때 창조성이 이루어진다고 말할 수 있다.

▶고양이를 그린 아이스크림 막대를 붙인다.

▶아이스크림 막대에 흰색칠을 하지 않고 직접 그려도 된다.

선 모던아트

- Lesson 18

1. 대나무 막대로도 그림을 그릴 수 있다는 것을 알
   수 있다.
2. 대나무 막대를 색칠한 후 색지에 두드린다.
3. 어떤 모양이 되었는지 서로 이야기해본다.

■ **준비물** : 물감, 막대, 색지, 풀

막대 두드리기 응용 ①

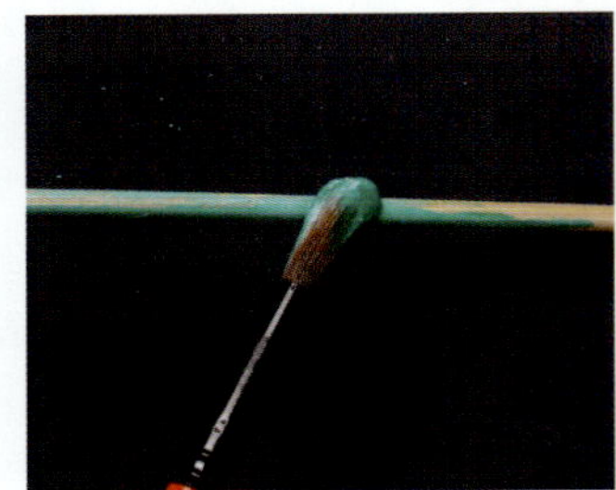

① 대나무 막대에 물감을 칠
   한다.

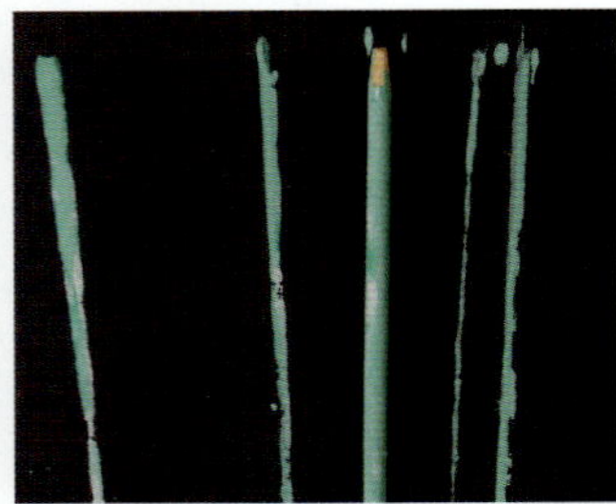

② 검은 색지에 막대를 두드린다.

③ 색을 바꿔서 두드린다. 굴
   리거나 문질러도 좋다.

④ 막대 2개를 번갈아가며 두
   드리면 더 재미있다.

비 오는 날

아동화의 종류

어린이의 그림은 '마음의 창'이라고 할 수 있다. 어린이의 환경, 성격, 지능, 심리 등이 그림에 그대로 반영되기도 하기 때문이다. 하지만 어린이의 그림에 가장 크게 영향을 미치는 것은 바로 지도자(교사나 부모) 또는 어린이가 처한 환경이다. 그러한 환경의 영향으로 어린이 개개인의 표현이 각각 다르게 나타나는 것이다.

보편적으로 감수성이 예민한 어린이들은 그림에 자기의 느낌을 그대로 투영한다. 또 어떤 어린이들은 생활속에서 인상깊었던 일이나 즐거움을 주는 놀이 등을 그림으로 표현한다.

막대 두드리기 응용 ②

① 막대 하나로 두드리기

② 막대 두 개로 음악에 맞춰 두드리기

③ 엇갈려 두드리기

④ 흰 색지에 표현하기

알아둡시다!

에듀케이터(Edu-Cater) :

미술관에는 전시 기획을 총괄하는 큐레이터가 있고 교육 활동을 기획하고 실행하는 담당자가 있다. 이 중 미술관 전시와 관련된 전반적인 교육 활동을 담당하는 인력을 미술관 에듀케이터라고 칭한다.

막대 두드리기 응용 ③

① 종이를 조각내어 찢는다.

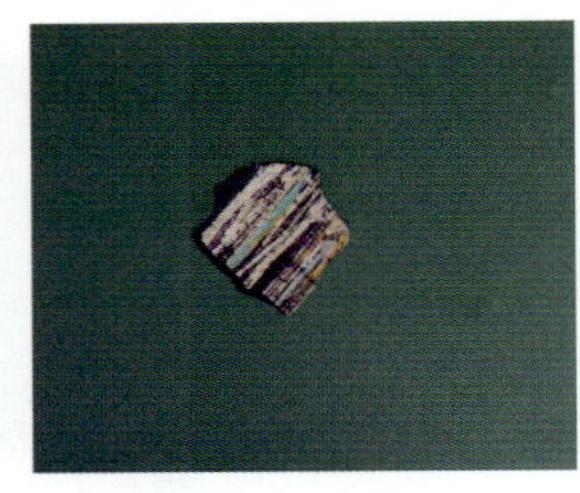
② 얼굴을 붙인다.

③ 귀 모양을 붙인다.

④ 몸통을 붙인다.

⑤ 다리를 붙인다.

표현 방법

1. 색지에 막대를 두드린다.
2. 막대로 모양을 낸 색지를 크고 작은 조각으로 찢는다.
3. 필요한 조각을 붙여서 모양을 만든다.

아동 미술 이론

■ 상상화와 사생화의 차이

1. 상상화

－기억화, 상상화, 인상화, 공상화, 주제화, 추리화 등을 통틀어 말한다.

- **경험 나타내기** – 생활 주변에서 본 것, 생각한 것, 느낀 것 등을 자유롭게 표현힌다.
- **상상하여 그리기** – 연상, 상상, 희망 등을 자유롭게 표현한다.

2. 사생화 – 실제로 보고 그리는 것

－사생화, 관찰화, 모사화

- **관찰에 의한 표현** – 아는 것과 본 것을 그린다.(단순한 대상의 재현이 아니라 주변의 사물들을 보다 의도적이고 계획적인 관찰을 통해 자세하게 표현하는 것이며 대상에 자신을 투영하는 것이다.)
- **관찰화** – 보고 그리기, 정밀묘사

▶ 색지를 찢어 붙인 후 필요한 부분에 그림을 그린다.

① 손으로 산 모양 찢어 붙인다.

② 배 모양을 찢어 붙인다.

③ 돛대 모양을 찢어 붙인다.

④ 마지막으로 갈매기를 붙인다.

알아둡시다!

도슨트(Docent) :

　도슨트는 "가르친다"라는 뜻의 라틴어에서 유래한 용어로 지식을 갖춘 안내인을 가리킨다. 1845년 영국에서 처음 시행된 뒤 1907년 미국에 이어 세계 각국으로 확산되었다.

　일정한 교육을 받고 박물관, 미술관 등에서 일반 관객들을 안내하면서 전시물 및 작가 등에 대한 설명을 제공함으로써 전시에 대한 이해를 돕도록 하는 데 목적이 있다. 우리나라에는 1995년에 도입됐다.

골판지 모던아트

– Lesson 19

■ 준비물 : 골판지(바나나 박스), 물감, 붓, 팔레트, 색지, 켄트지

골판지 옆면 찍기 응용 ①

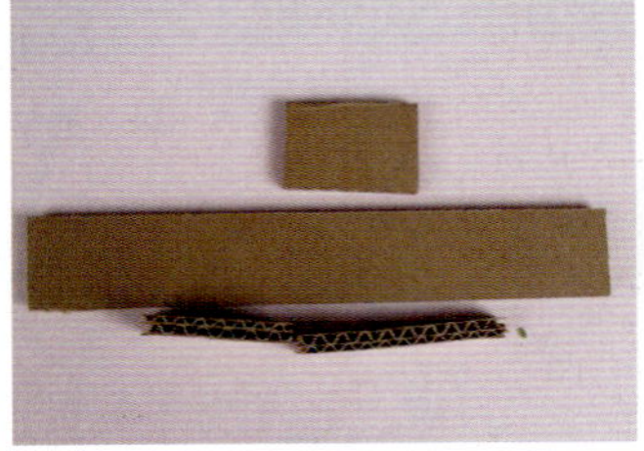

① 박스 골판지를 준비한다.(바나나 박스가 좋다.)

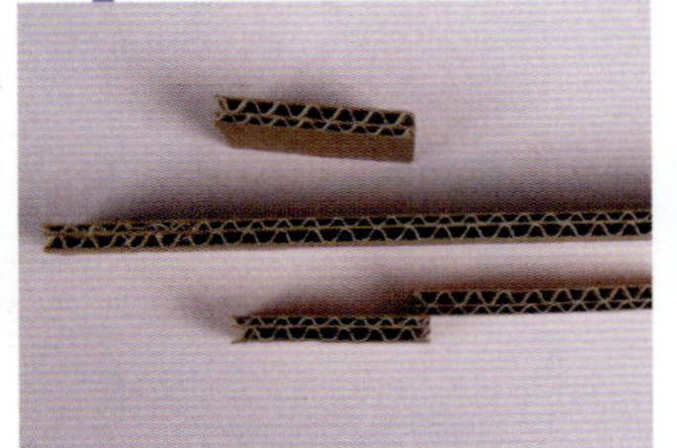

② 골판지의 옆면이 보이도록 세운다.

③ 색깔별로 물감을 짠다.

④ 붓에 물감을 묻힌다.

⑤ 골판지 옆면에 물감을 묻힌다.

⑥ 물감을 묻힌 골판지를 종이에 찍어본다.

▶ 골판지 옆면에 여러 가지 색깔의 물감을 묻혀 종이에 찍는다.

골판지 옆면 찍기 응용작품

나란히 나란히 물감을 칠하고 그 위에 골판지를 찍는다.

▶흰색 켄트지에 바나나 박스를 세워서 찍는다.
▶빈 공간에 좋아하는 색을 칠해본다.

▶종이에 바나나 박스로 모양을 내어 찍는다.

▶모양내어 찍은 것을 색칠한다.

▶골판지 조각으로 세모 모양으로 찍는다.
▶물감, 파스텔, 크레파스 등으로 색칠해본다.

참고하세요

많은 어린이들이 그림 그리기를 좋아한다. 그런데 어떤 어린이들은 왜 그림을 그리려고 하지 않을까? 그것은 그림 그리는 것이 어렵다고 생각하기 때문이다. 자신이 그린 것이 실물과 닮지 않았다고 생각하기 때문에 스스로 그리려고 하지 않는 경우도 있다. 그러므로 쉽고 재미있게 표현할 수 있도록 유도해야 한다. 교사는 항상 어린이 입장에서 그 방법을 연구하는 자세가 필요하다.

우리집

여름

모양 찍기

피자

99

기린아, 놀자

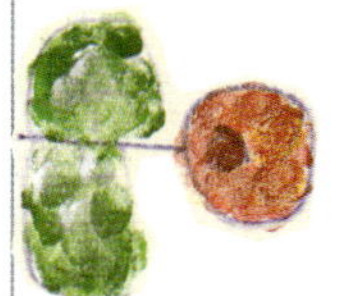

전쟁 놀이

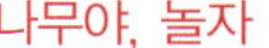

나무야, 놀자

내 친구

사다리 놀이

화창한 오후

골판지 옆면 찍기 응용 ③

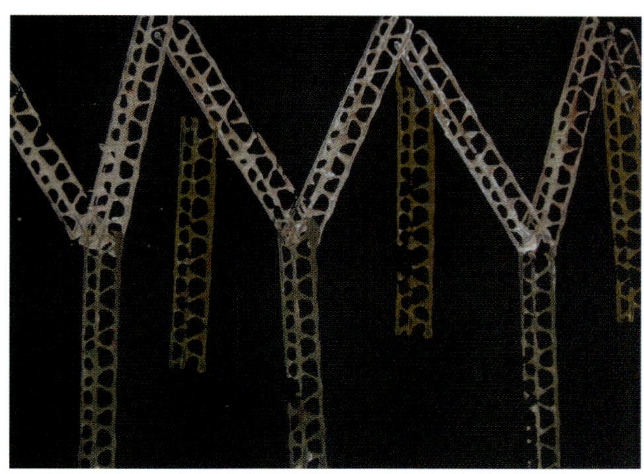

참고하세요

★어린이를 큰 나무로 성장시키자!

어린이의 그림은 성장의 기록이다. 부모는 아이를 성장시키기 위해 한 발 앞서 이것저것 강요하게 되는데 그런 강요를 받은 어린이는 제 나이에 경험해야 할 일들을 경험하지 못하게 될 수도 있다.

그림은 또한 어린이의 성장을 돕기도 한다. 성장은 어린이들마다 능력과 생활 환경 등으로 인한 개인차가 있다. 같은 나이의 어린이라도 어른스러운 생각을 가지고 있는 어린이가 있는가 하면, 그렇지 않은 어린이도 있다. 그러므로 교사나 학부모는 어린이가 현재 제 나이에 맞는 행동을 하고 있는지 파악하고 있어야 한다.

자신의 아이를 다른 아이와 비교하는 것은 좋지 않다. 자신의 아이가 다른 아이보다 실력이 떨어지거나 미숙한 점이 많다고 여겨질지라도 서두르지 말고 아이의 상황에 맞는 교육을 해야 한다.

실장갑 모던아트
- Lesson 20

1. 판화에는 여러 가지 종류가 있다는 것을 안다.
2. 면장갑 판화는 실물 판화에 속한다는 것을 알고 면장갑의 특징을 살려 여러 형태로 찍어 본다.

■ 준비물 : 실장갑, 포스터 컬러, 여러 가지 색지, 크레파스, 수정액

실장갑 찍기 응용 ①

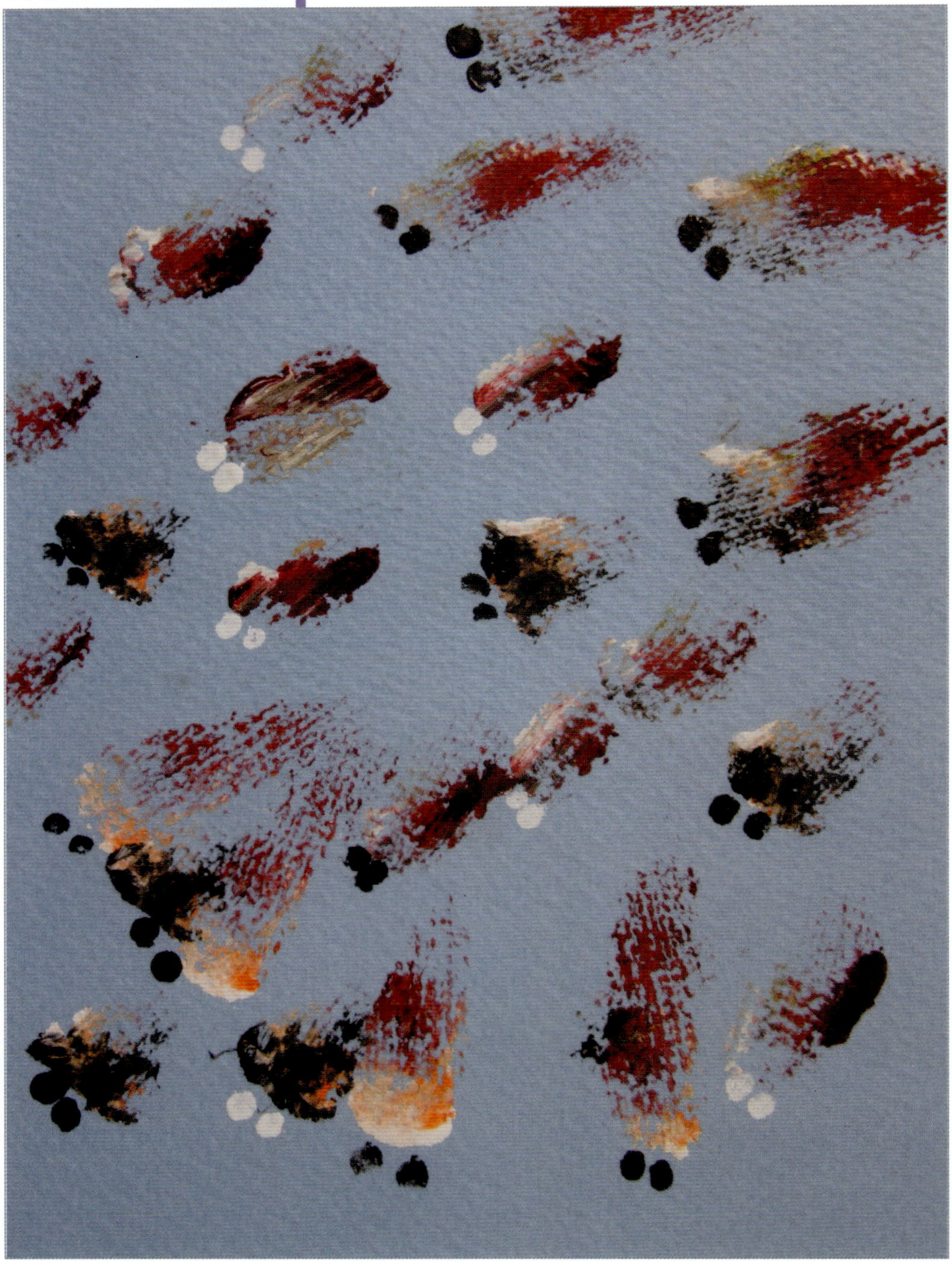

▶ 장갑의 손가락 부분에 물감을 묻혀 색지에 자유롭게 찍은 후 수정액이나 크레파스로 그림을 그린다.

실장갑 찍기 응용 ②

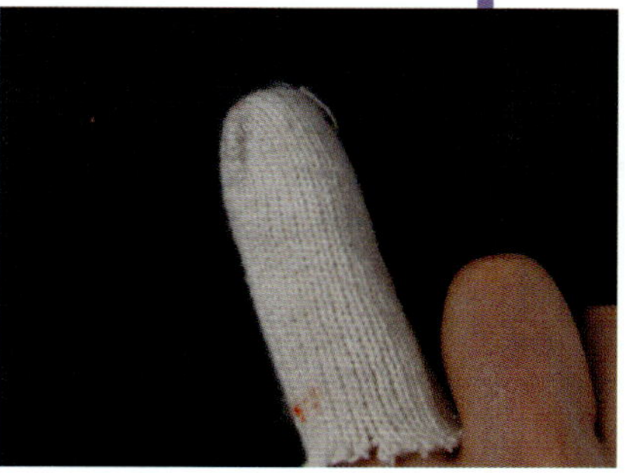

① 어린이가 편리하게 찍을 수 있도록 손가락 부분만 잘라서 준비한다.

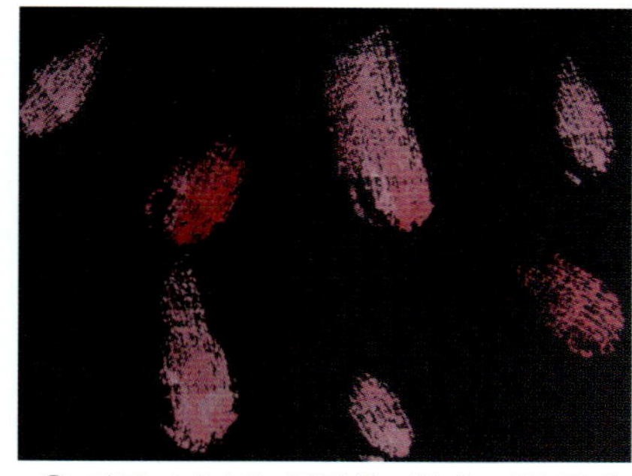

② 자른 부분에 물감을 칠해 자유롭게 찍는다.

③ 물감을 찍은 부분에 수정액이나 크레파스로 그림을 그린다.

실장갑 찍기 응용 ③

① 도화지 위에 크레파스로 선을 긋는다.

② 지문을 찍는다.

실장갑 찍기 응용작품

▶ 검정색지에 찍기

③ 다양한 방법으로 마음껏 지문을 찍어본다.

④ 그리고 싶은 그림을 그린다.

아동 미술 이론

아동화에 대한 연구는 미술 교육보다 심리학에서 먼저 시작되었다. 어린이는 미술 활동을 통해 자신의 감정과 생각을 표현한다. 어린이의 그림이 심리학의 분석자료로서 활용되기 시작하면서 심리학의 발전에 기여하게 되었다. 특히 치젝은 아동미술전을 통해 자유로운 자기표현 교육을 알렸고 순수하고 창의적인 아동미술을 발표하여 표현기능, 묘사교육, 미술가 양성에만 중점을 두었던 당시의 아동미술교육 풍조를 바꿔놓았다.

※ 자유화 사상 선구자 1987년 치젝, 독일 오스트리아

▶실장갑으로 물감을 찍고 붓으로 선을 그어 표현한다.

실장갑 찍기 응용 ⑤

▶실장갑 전체에 물감을 골고루 칠해서 면장갑의 독특한 무늬를 찍고 그림도 그려본다.

실장갑 찍기 응용 ⑥

▶크레파스로 선 긋고 부분 찍기

실장갑 찍기 응용작품

풍경

피에로

나무

친구들

알아둡시다!

어린이에게 새로운 표현 방법(모던 아트)을 가르칠 때는 반드시 충분히 이야기를 나누어야 한다. 그리고 표현 방법에만 치우치지 말고 표현 작품에 의미를 부여하여 모양을 찾아보고 그려보게 하는 것이 중요하다. 마구 찍거나 그린 우연의 효과로 아름다움을 추구할 수 있으나 미술교육에서는 반드시 의미를 찾고 내용을 만들어 나가야 창의력이 배가된다.

실 모던아트

- Lesson 21

1. 실을 이용하여 아름답게 표현할 수 있다는 것을 알
게 한다.
2. 실에 물감을 묻혀 잡아 당기거나 찍게 하여 표현의
즐거움을 맛보게 한다.

■ **준비물** : 실, 본드, 붓, 가위, 풀, 색지, 사인펜

실 굴리기 응용 ①

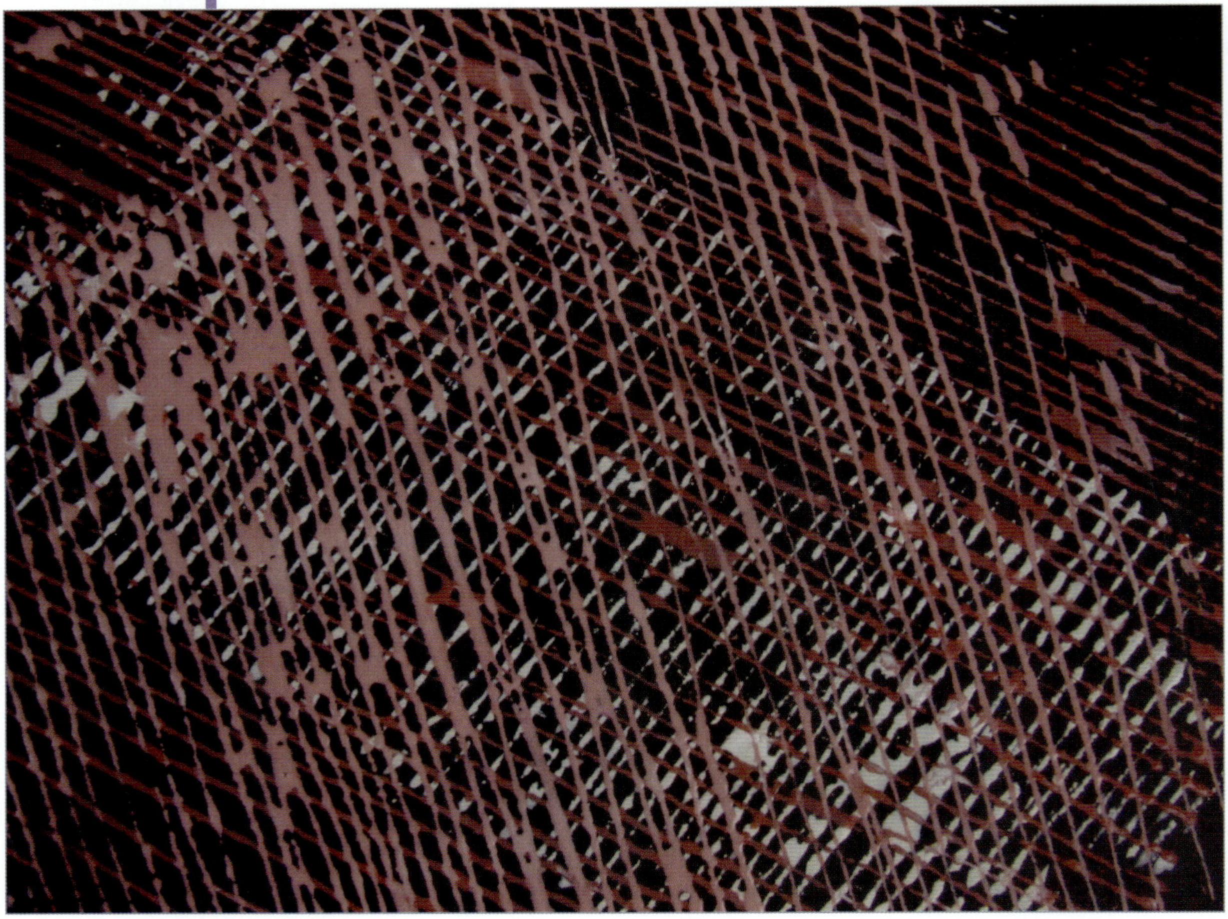

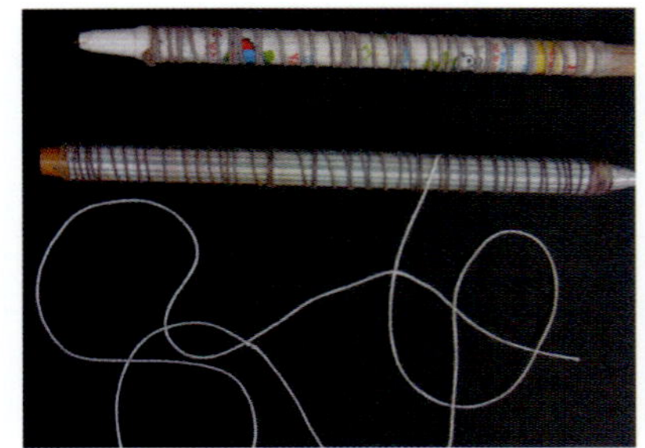

① 연필이나 볼펜에 실을 감는다.

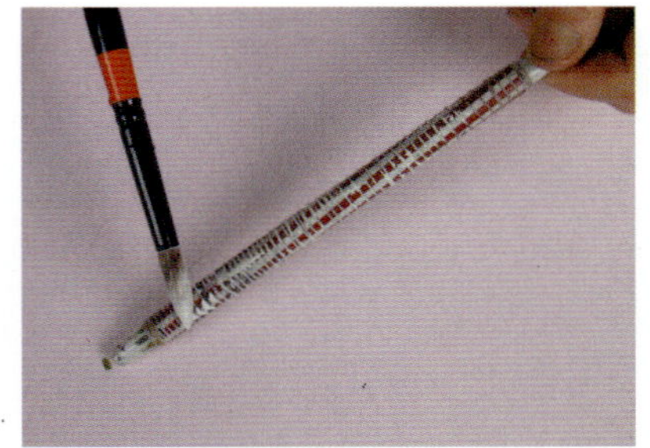

② 감은 실 위에 물감을 칠한다.

③ 색지 위에 굴린다. 또 잡지나 신문
을 찢어 붙이고 그 위에 굴려도 재
미있게 표현된다.

실 찍기 응용작품

풍악 놀이

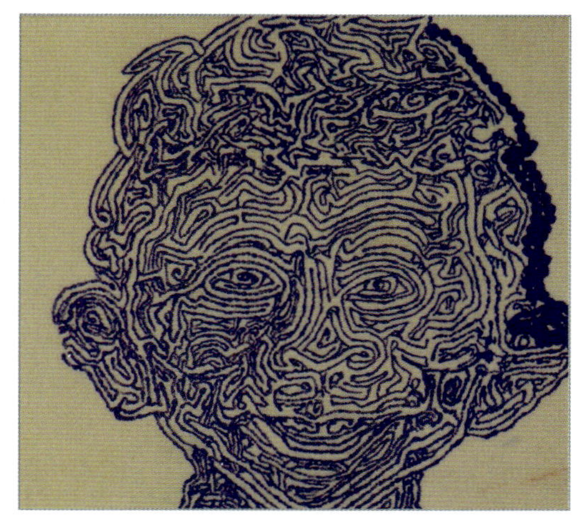

실찍기 사람

나무

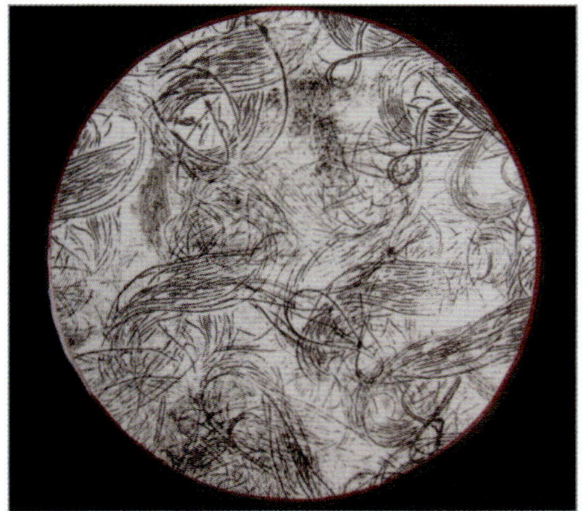

달나라

꽃 모양내어 찍기

어린이의 그림 활동

　미적 체험이란 말은 일반적으로 오감을 통해 얻게 되는 체험이라 할 수 있다. 또 미적 체험은 아동들의 생활 속에서 시각과 촉각을 통하여 가슴이나 머리로 경험하는 것을 의미한다.

▶실에 물감을 묻혀 손바
닥에 올려놓고 준비된
종이 위에 찍는다.

▶실을 찍고 색칠한다.

▶ 실에 물감을 묻혀 흰색 켄트지 위에 놓은 후
　다른 켄트지를 그 위에 놓고 눌러 실을 잡아
　당긴다.
▶ 물감으로 병을 그리고 점을 찍어 꽃을 그린다.
▶ 주위를 효과적으로 색칠한다.

▶ 실을 뽑은 후 부분적으로 실모양을 찍어본다.

▶ 실뽑기를 이용한 화병그림

알아둡시다!

창조성이란? :

　상상력을 통해서 새로운 물건을 만들어내거나 새로운 방법을 생각해내는 능력을 말한다. 교육의 궁극적인 목적은 "창조성"을 키우기 위한 것이다.

　※ 외적인 간섭과 억압 없이 자기만의 것을 의연하게 나타내는 일을 "창조성"이라 한다.

▶실뽑기를 한 다음 주위를 색칠한다.

여행

아동화의 특징

• 난화적 표현 

어린이는 대개 첫돌이 지나면서부터 난화를 그리게 된다. 난화란 아무 목적없이 마구 난잡하게 그리는 것을 말한다.

• 의인화적 표현(animism 현상) 

생물이나 모든 사물을 의인화하여 눈, 코, 입을 그린다. 이러한 것은 애정깊은 표현이라고 할 수 있으나 만약 늦은 시기까지 나타난다면 지적 발달이 늦거나 정서 과잉인 경우가 있다.

• 열거식 표현 

유아기의 표현은 사물과 사물의 관계판단이 부족하기 때문에 화면의 통일성이 없고 단순히 나열하는 식으로 표현되는 것이 대부분이다. 자신의 경험이나 생각을 생각나는 대로 하나씩 그려나가기 때문에 공간의 통일성이 없고, 화면을 빙글빙글 돌려가며 그리기도 한다.

• 투시적 표현(뢴트겐 화법, X-Ray 화법) 

바다를 그릴 때 깊은 바다 속까지 투시하여 그리는 것으로 예를 들어 바다 속의 물고기나 해초들까지 그린다. 이러한 특징은 '아이가 보는 것을 그리는 게 아니라 알고있는 것을 그린다' 는 어린이 심리의 특성을 잘 보여주는 것이다.

• 동시성 표현(전개도식 표현) 

어린이는 대상을 한눈에 볼 수 있는 안목이 부족하기 때문에 한쪽을 그리고 난 다음에 다른 쪽은 종이를 돌려가며 그린다. 예를 들어 의자를 그렸는데 사방으로 다리를 그리는 등의 표현으로 이러한 것은 평면과 입체의 구별이 없는 부분에서 나타난다. 그러나 아이가 점차 공간과 원근을 지각하게 되면서 사라진다.

• 연속성의 표현(시각적 계속 묘사) 

어린이들은 동화나 만화처럼 이야기의 연속성과 시간의 흐름을 동시에 표현한다. 즉 과거, 현재, 미래를 한 장의 도화지에 표현한다. 예를 들어 한 화면에 해와 달, 별이 공존하는 표현이 있다.

• 자기 중심적 표현 

아이는 과장하거나 생략하여 자신의 욕구를 표현한다. 중요하거나 좋아하는 것은 크게 그리고 그렇지 않은 것은 작게 그린다. 대상의 대소나 원근을 무시한 채 자기 주관대로 그리는 것이다. 예를 들면 사람보다 꽃을 크게 그리는 등의 표현을 들 수 있다.

• 미분화적 표현 

어린이가 여러 가지 사물을 관련짓는 능력이 미숙할 때의 그림 표현으로, 꽃을 들고 있는 손과 꽃을 따로따로 그리거나 말 탄 사람을 그릴 때는 사람을 말 위에 붕 떠 있는 것 같이 그리기도 한다. 이와 같은 표현은 도식기부터 사실기까지 계속된다. 이러한 현상은 어떤 물건이든지 개별적으로 잘 인식되나 물건과 물건 간의 구성력이 발달되지 않았기 때문이다. 그러므로 이 시기에는 공간 구조적인 제작 활동의 경험을 갖도록 배려해야 된다.

• 기저선의 표현

유아기가 지나면 사물과 사물과의 유기적 관계를 의식하게 된다. 도식기부터는 기저선을 긋고 하늘과 땅을 구분하게 된다. 보통의 경우 도화지를 주면 일단 아래쪽에 줄을 쭉 긋고는 그 밑은 땅, 위는 하늘이라고 표현한다. 어린이의 그림에 기저선이 나타날 때는 사물과 사물과의 관계, 즉 자기와 타인과의 관계를 인식하고 사회성이 성장하는 시기이기도 하다.

• 파괴적 표현

파괴적 표현이란 5-6세의 어린이가 일단 그림을 그린 후 마구 칠해서 형태를 뭉그러뜨리는 것을 말한다. 이것은 정서적 불안 상태로, 심한 자극이나 억압을 받은 아동에게 나타나는데 그 원인을 찾아내어 치료해야 한다.

• 대칭적 표현 

어린이들은 화면을 십자나 수직 이등분선으로 구분하여 대칭적으로 표현하거나 물체를 상하좌우로 배열하여 표현하는 경우가 많다. 이러한 것은 공간에 대한 중압감으로 표현에 자신이 없는 경우, 또는 화면을 장식적으로 표현하고 싶은 심리에서 구성적으로 표현하는 경우와 심리적 불안감 때문에 안정을 찾고 싶은 마음에서 균형을 잡아 표현하는 경우가 있다. 대칭적인 그림은 딱딱한 그림이 되므로 불안한 정서에서 벗어나 자유로운 그림을 그리도록 해주어야 한다.

• 환상적 표현 

유아기의 어린이들은 현실과는 다른 환상적인 사고를 많이 한다. 현실적으로 이루어지기 힘든 일들을 생각하는 것이며, 이것은 무의미한 표현이 아니라 그들의 무한한 상상의 세계를 현실로 받아들이기를 바라는 욕구의 표현인 것이다.

• 반복적 표현

유아들은 같은 모양을 여러 번 반복하는 것을 좋아한다. 같은 형상을 반복하여 그리는 것은 많다는 것을 의미하거나 많이 있는 것을 좋아하는 욕구의 표현이다. 그러나 한편으로는 정서적 억압 상태에서 사고가 굳어 있거나, 상상력이 부족한 아이들이 반복적으로 표현하는 경향이 있다.

결론

이와 같이 아동화에는 각 연령별 특징이 자연스럽게 나타난다. 이는 어린이의 자유로운 자기 표현으로 어린이들의 미술이 어른들과는 다르다는 생각에서 출발한다. 어린이의 마음은 어른의 마음과는 다르며 생각과 표현 또한 다를 수밖에 없다는 것이다. 어린이에게 미술은 자신을 드러내는 하나의 자기표현 방법이다. 그렇기 때문에 어린이들의 미술 표현에서 중요한 점은 성인들의 관점에서 바라보는 간섭의 배제이

며 어린이의 표현은 자발적이어야 한다. 자유로운 자기 표현에서는 교사가 촉매자나 분위기 조성자의 역할에 머무르게 된다. 교사나 학부모의 역할은 어린이들에게 자유롭게 자신과 환경을 표현할 수 있도록 격려해주고 동기를 부여해주는 촉매자의 역할을 넘어서는 안 된다고 보는 것이다. 교사들은 어린이의 자기 표현을 주의깊게 관찰하면서 성장의 발달 과정에 맞게 어린이를 도와야 한다.

야채 찍기 모던아트

-Lesson 22

지도목표

1. 여러 가지 판화 기법과 재료 사용법을 알게 한다.
2. 여러 가지 야채로 표현해 보도록 한다.
3. 다른 모양을 찍어 혼합된 색과 모양을 관찰하게 한다.

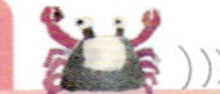

■ **준비물 :** 당근, 양배추, 피망, 호박, 고추, 파, 감자, 보리싹, 연근, 커터, 물감, 붓, 색지, 켄트지

야채 찍기 응용작품

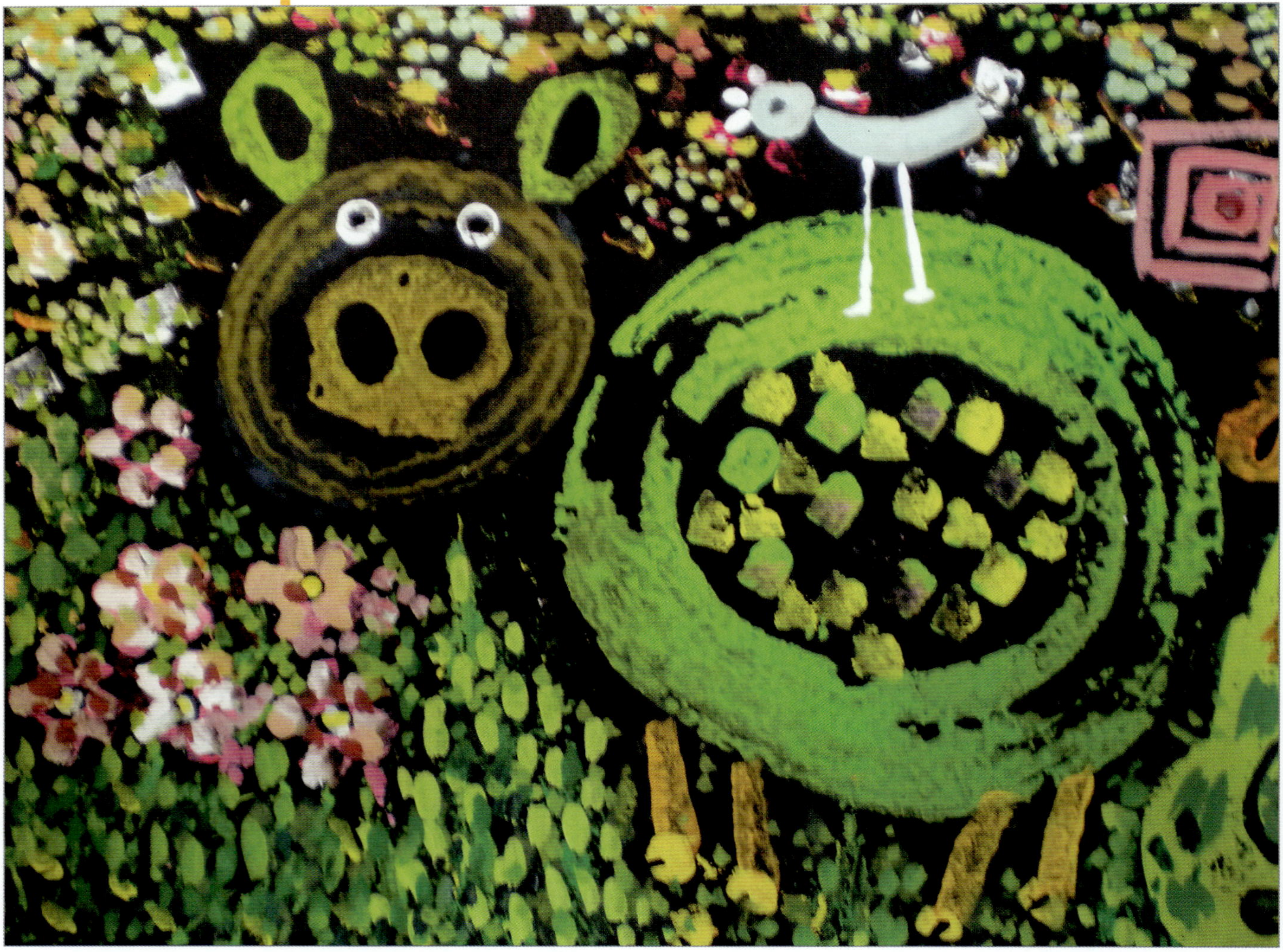

우리는 친구

야채 찍기 응용 ①

거북이 연근으로 찍어 모양 만들기

병아리 연근으로 찍어 모양 만들기

엄마 양파와 연근으로 찍어 모양 만들기

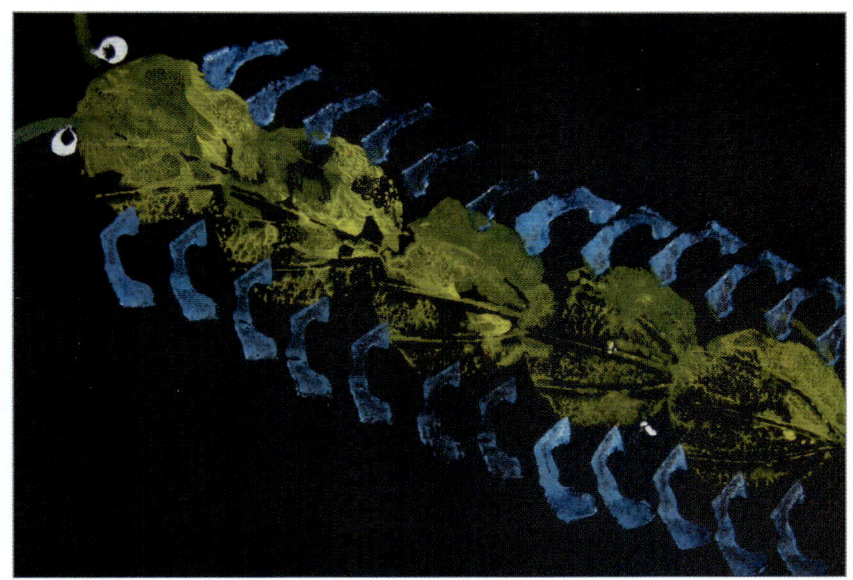

벌레

알아둡시다!

야채 판화란? :

　야채 판화는 실물 판화이자 볼록 판화다. 일상생활에서 늘 접하는 것 중 먹는 것을 판화의 재료로 활용해 보는 것도 어린이들의 호기심을 불러일으킬 수 있는 매우 좋은 방법이다. 쉽고 재미있는 활동은 집중력 생성과 창의력 발달에 도움을 주며, EQ도 높아진다.

아동 미술 이론

■ 드로잉(Drawing)

드로잉이란 평면 위에 아이디어나 사물을 묘사하기 위한 밑그림이나 참고 자료에 쓸 목적으로 지면 위에 그려 시각화하는 첫 번째 단계의 작업으로 화가나 일러스트레이터에게는 기초적이면서도 매우 중요한 부분이다. 우리 나라에는 없으나 외국의 미술 대학에는 드로잉 학과가 있는데 이것은 드로잉이 작품의 완성을 위한 첫 단계일 뿐 만 아니라 이 자체가 미술에 있어 중요한 영역을 차지하고 있음을 뜻하는 것이다. 드로잉의 소재로는 우리가 볼 수 있는 모든 사물, 즉 정물, 풍경, 동물, 인물뿐 아니라 실제로는 볼 수 없는 대상까지도 가능하다.

▶ 검정색지에 연근 찍기

▶ 검정색지에 연근 찍기

▶ 연근 다양하게 찍기

리본 맨 달팽이 양파로 찍고 모양 만들기

창의성 중심의 미술교육

창의성 중심의 미술교육은 치젝이 자유로운 자기 표현에 의한 미술교육의 실천을 주창한 이후 1950년대를 전후하여 세계적으로 급속하게 보급된 미술교육의 한 조류이며 아동중심 교육사조, 심리학의 발달, 표현주의 미술의 등장으로 더욱 발전하게 되었다.

첫째, 어린이들은 타인의 간섭을 받지 않는 상황에서 자발적으로 자유롭게 자신의 마음속에 내재되어 있는 창의성을 표현할 수 있다.

둘째, 자유로운 자기 표현을 통한 창의성과 잠재력을 개발하고 더 나아가서 미술을 통한 조화로운 인간성 육성에 초점을 둔다.

셋째, 자유로운 자기 표현을 통한 창의성 개발은 표현 결과보다는 표현 과정에 중점을 둔다.

수정액 모던아트
- Lesson 23

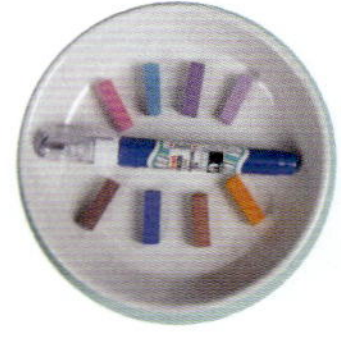

■ **준비물 :** 수정액, 파스텔, 색지

수정액 응용 ①

▶수정액으로 그리고 파스텔 긁어 붙여 보기

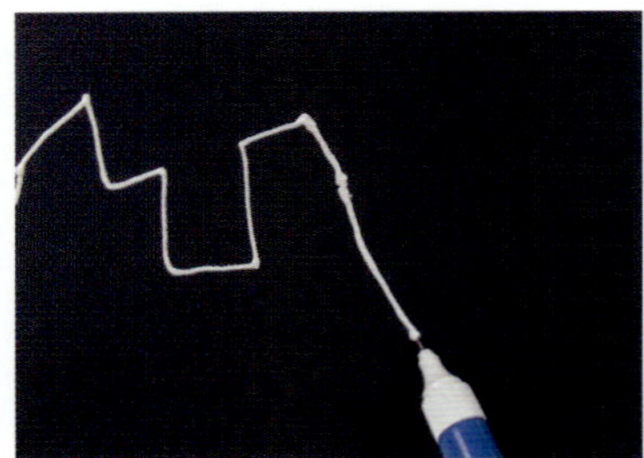

① 검정색지에 수정액으로 자유롭게 선을 그린다.

② 파스텔 가루를 색지 위에 갈아 놓는다.

③ 여러 가지 색을 갈아서 놓아본다.

④ 휴지를 접는다.

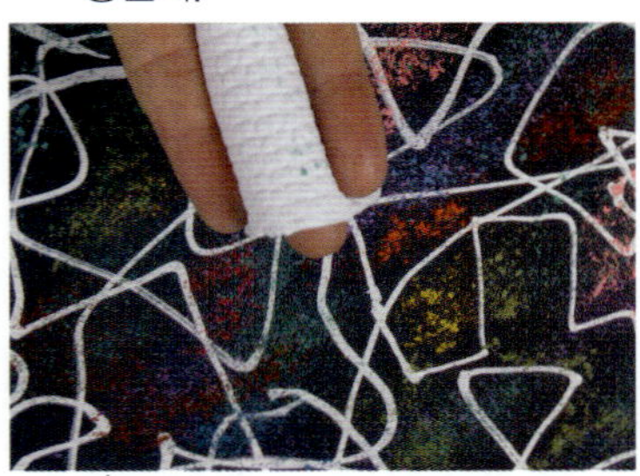

⑤ 접은 휴지를 손가락에 감는다.

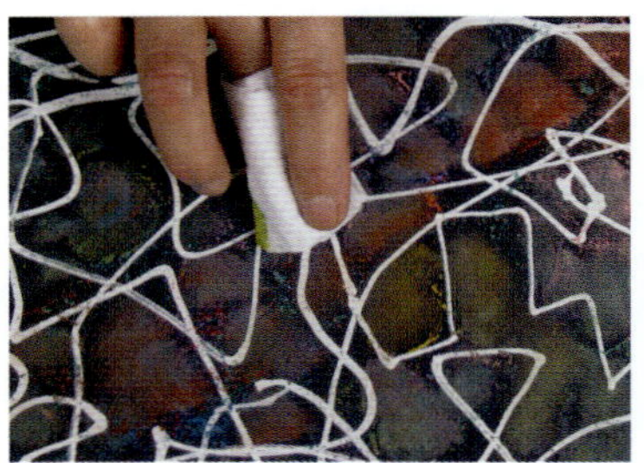

⑥ 부드럽게 문지른다.

수정액 응용 ②

▶색모래 붙이기

저요 저요

▶벽지에 화이트로 그리기

▶수정액으로 그리고 파스텔로 표현

알아둡시다!

조형이란?

1. 회화, 조소(조각, 소조), 건축, 공예 등과 같이 실제적인 공간성을 나타내는 것으로 미술과 같은 뜻으로 사용된다.

2. 사물을 유형적으로 표현하여 시각에 호소하는 미술 활동의 총칭이라고 할 수 있다.

3. 어린이는 감각기관을 통해서 여러 가지 형태를 조형이라는 수단으로 다시 재현한다.

버닝 모던아트
– Lesson 24

■ 준비물 : 모기향, 색종이, 한지, 풀, 가위, 성냥

버닝 모던아트 응용 ①

① 재료를 준비한다.

② 모기향에 불을 붙인다.

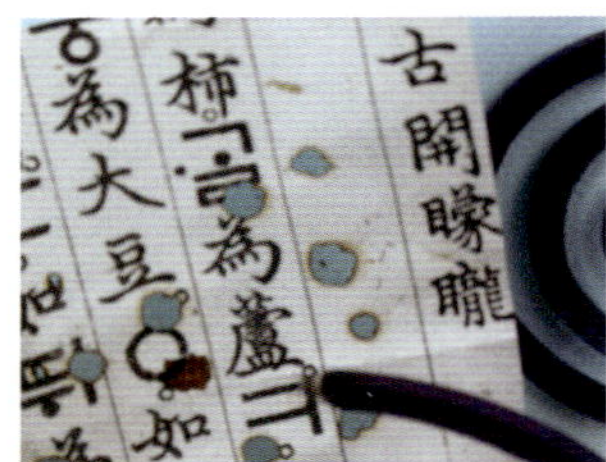

③ 한지에 구멍을 낸다.

④ 뒷면에 색종이를 작게 오려 붙인다.

어린이의 그림 활동

 가끔 그림 그리기를 싫어하는 어린이를 보게 되면 안타까운 생각이 든다. 많은 어린이들은 그림 그리기를 즐겨한다. 벽이나 종이에 이것저것 낙서를 하는 것이 바로 그림 그리기 놀이인 것이다. 즐겁고 재미있게 자기가 그리고 싶은 것을 그릴 때 창의력이 길러지고 집중력도 높아지며 무엇보다 자신감이 생기게 된다. 어린이의 그림을 보고 있으면 그 순수함과 더불어 그것을 그린 아이의 넘치는 희열도 느낄 수 있다.

버닝 모던아트 응용 ②

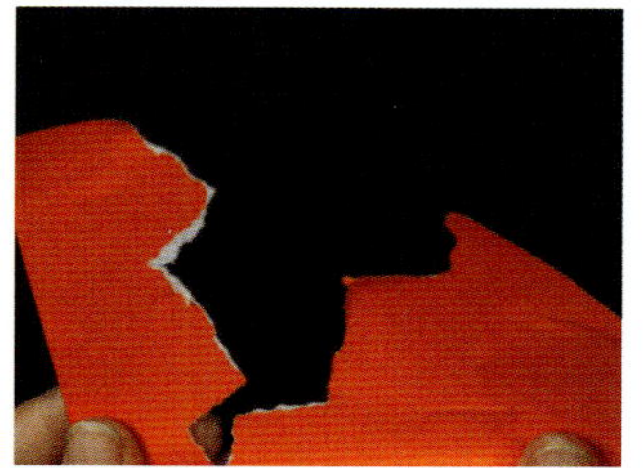

① 색종이를 손으로 자른다.

② 자른 색종이를 늘어놓는다.

③ 모기향으로 태운다.

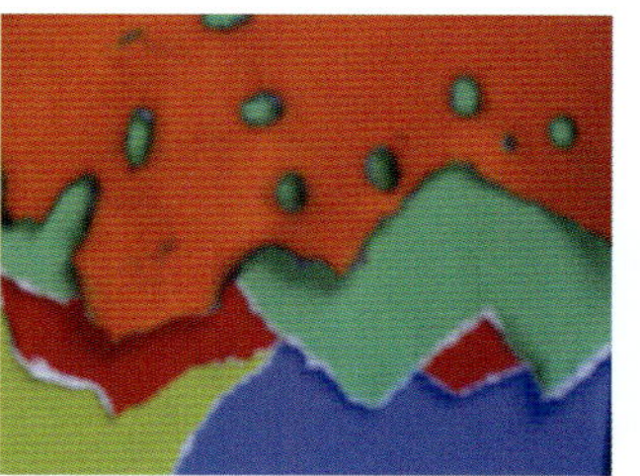

④ 태운 것을 색지에 붙여본다.

버닝 모던아트 응용작품

그녀에게 천을 모기향으로 태워 구성

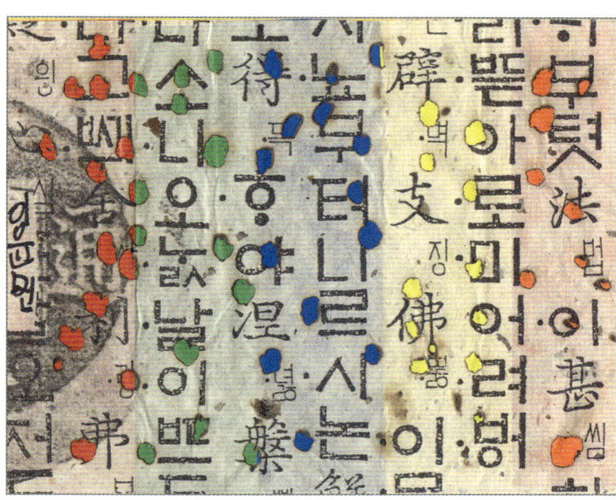

개미굴 모기향으로 한지에 구멍 내고 색지 위에 붙이기

한라산 색종이를 오려 모기향으로 태우기

낭만 한지에 구멍 내고 입체지 붙이기

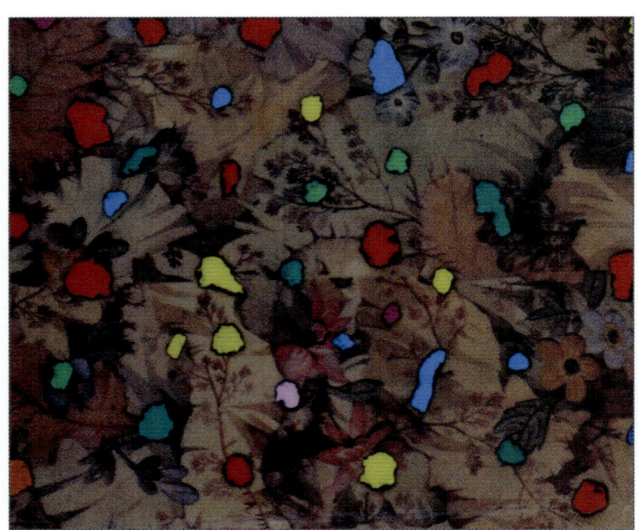

가을 단풍 포장지에 구멍 내고 색종이 붙이기

아리랑 색지 태워 연결

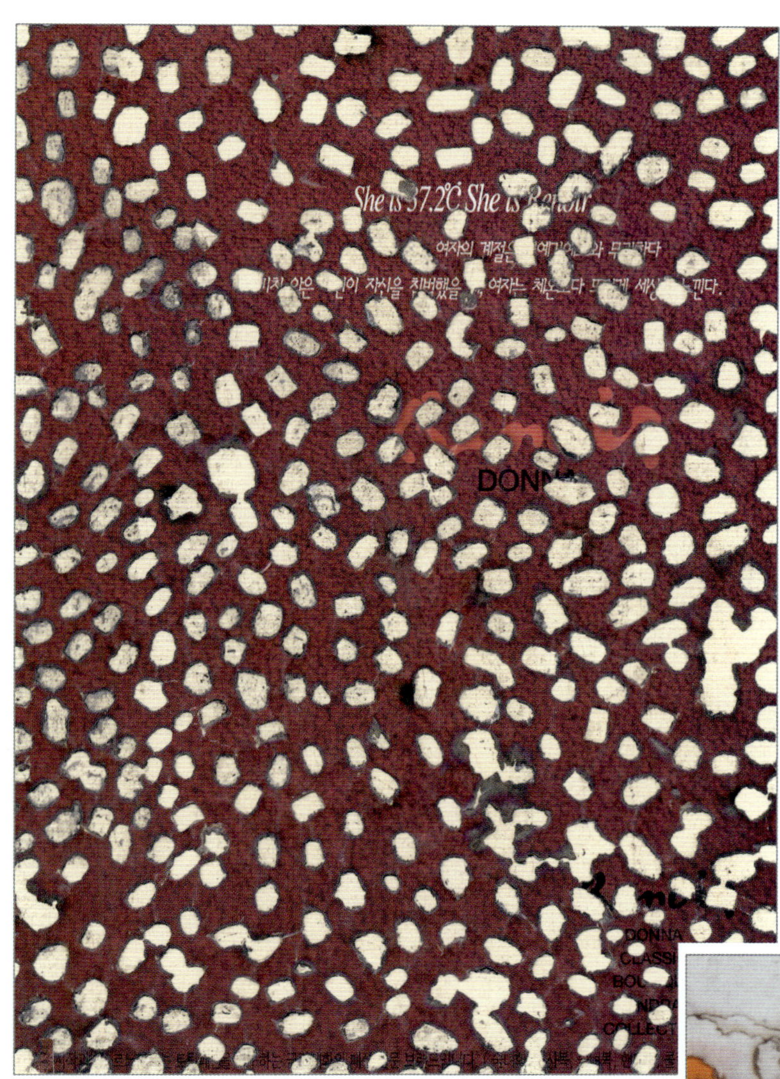

잡지 모던아트 잡지를 모기향으로 태우기

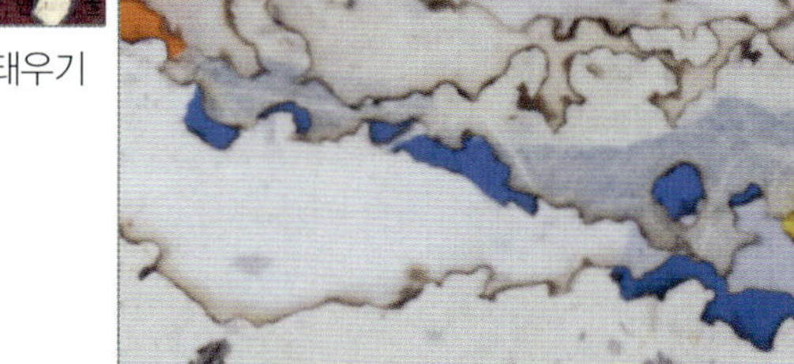

물방울 입체 포장지에 표현하기

물결 한지를 태워 겹쳐서 붙이고 색종이 붙이기

칫솔 모던아트

– Lesson 25

■ **준비물 :** 칫솔, 물감, 색지

칫솔 모던아트 응용 ①

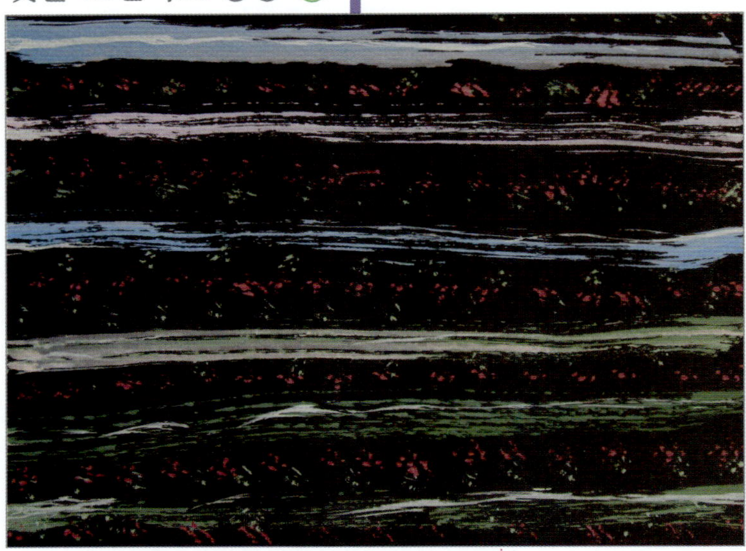

▶ 검정색지에 칫솔로 자동차길을 그린다.
▶ 칫솔에 물감을 묻혀 위에서 아래로 탁탁 쳐 본다.
※ 칫솔에 물을 적게 묻혀야 효과적이다.

칫솔 모던아트 응용 ②

▶ 칫솔로 모양을 그린다.
▶ 수정액으로 자를 대고 일정하게 긋는다.

다양한 기법들

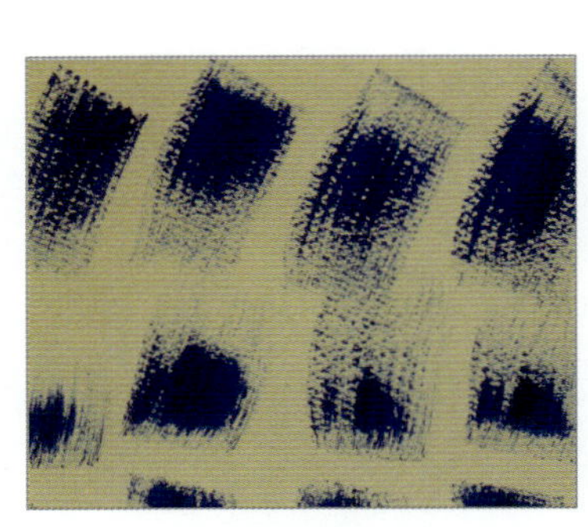

▶ 칫솔 옆으로 문지르기

▶ 칫솔 빗겨 굴리기

▶ 칫솔 선 긋기

칫솔 모던아트 응용작품

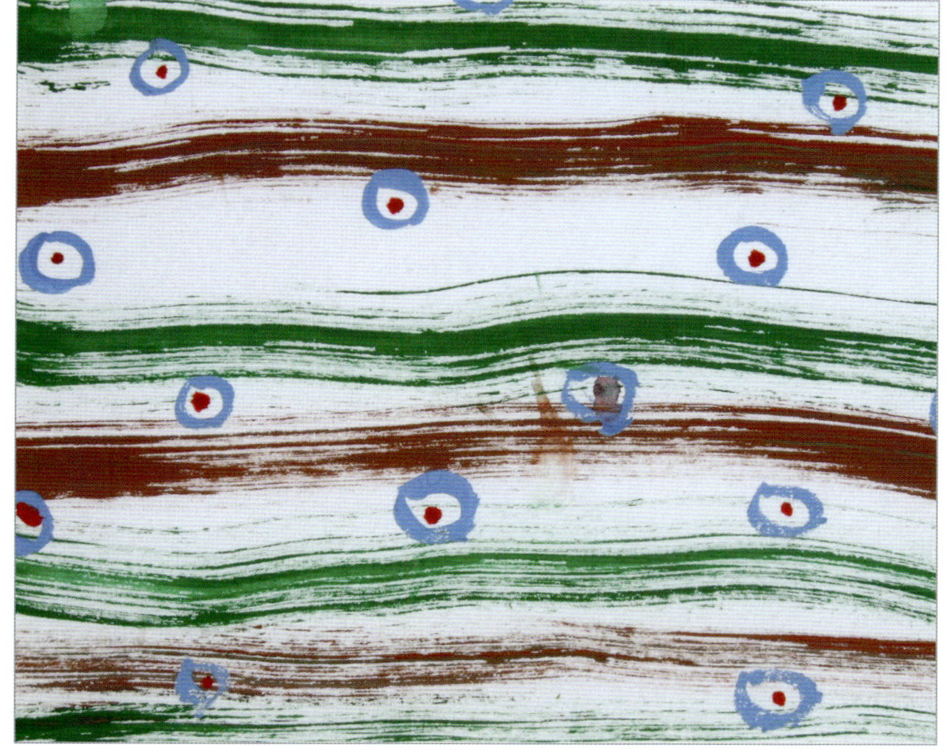

바다의 노래

다양한 기법들

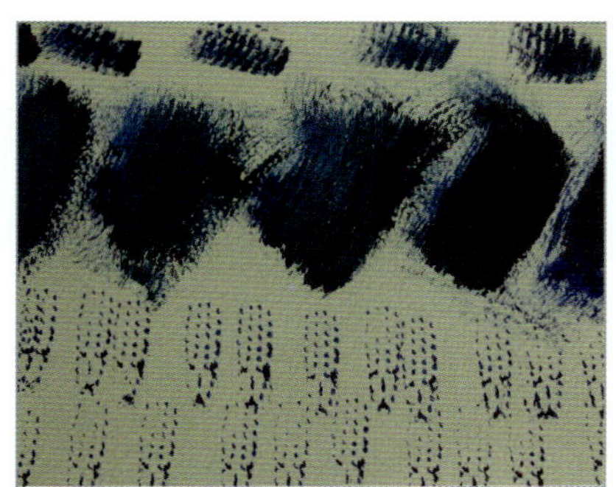

▶ 칫솔 문지르기와 두드리기

▶ 칫솔 줄 긋기와 두드리기

▶ 칫솔 잡아당기기

▶ 칫솔 굴리기

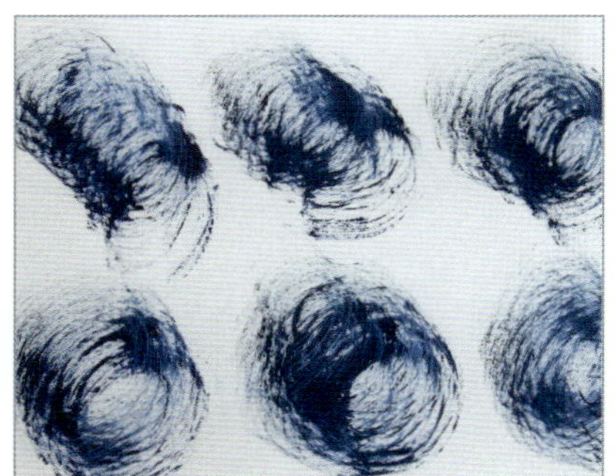

▶ 칫솔 동그랗게 굴리기

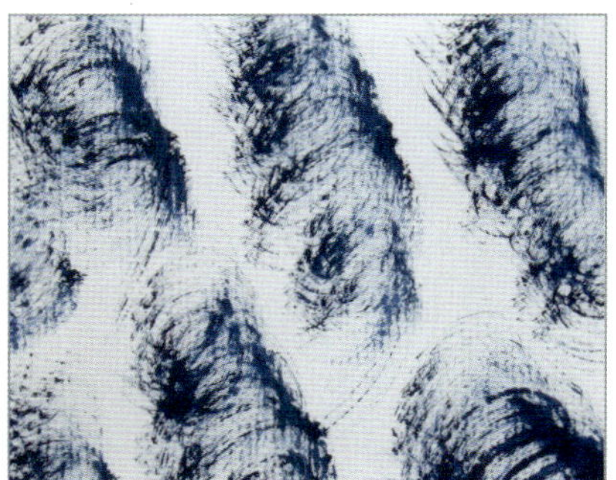

▶ 칫솔 거칠게 굴리기

PART 3

다양한 방법으로 표현하기

크레파스 가루 모던아트
- Lesson 26

■ 준비물 : 크레파스, 칼, 다리미, 물감, 색지

크레파스 가루 모던아트 응용 ①

우주 여행

① 크레파스를 칼로 긁는다.

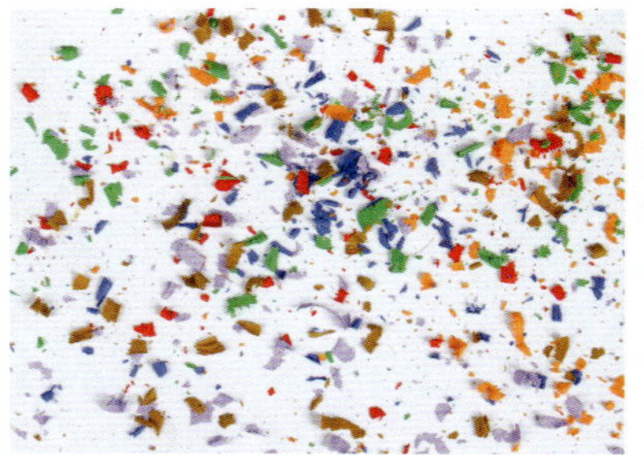

② 종이를 덮고 다리미로 다린다.

③ 크레파스가 녹은 모습

④ 검정색 물감을 칠한다.

 일반적으로 부모가 아이의 모든 것을 일일이 간섭하는 경우, 그 아이는 그림을 그리면서 몇 번씩 다시 고쳐 그린다. 자신의 그림에 만족하지 못하고 실패했다고 생각하며 자꾸 새로운 종이를 찾아 다시 그린다. 그러나 그림에는 실패라는 말이 어울리지 않는다. 어린이는 그림을 그리면서 표현력을 기른다. 만약 실패했다고 생각하는 어린이가 있다면 실패한 것이 아니라 개성이 있는 그림이라고 격려해야 한다.

크레파스 가루 모던아트 응용 ②

▶ 흰색 종이에 흰색 크레파스로 그림을 그리고 크레파스를
  칼로 긁어 녹인 후 검정색 물감을 칠한다.

▶ 완성

크레파스 가루 모던아트 응용 작품

팥빙수 검정색지에 크레파스 가루를 녹인 후 흰색 물감을 칠한다.

크레파스 녹여서 뿌리기 모던아트

1. 크레파스가 촛불에 녹는다는 것을 알 수 있다.
2. 촛불에 녹은 크레파스를 찍어서 색의 아름다움을 새롭게 느껴본다.

■ 준비물 : 양초, 크레파스, 켄트지

크레파스 녹여서 찍기 응용 ①

① 크레파스를 촛불에 녹인다.

② 크레파스를 도화지에 찍는다.

③ 크레파스가 녹은 모습

④ 붓을 이용해 그리고 싶은 그림을 자유롭게 그린다.

크레파스 녹여서 찍기 응용작품

꽃밭에서

크레파스 녹여서 찍기 응용작품

우리 마을

크레파스 녹여서 뿌리기 응용작품

불꽃축제

크레파스 녹여서 뿌리기 응용 ①

① 종이를 원하는 모양으로 잘라
검은색지 위에 놓는다.

② 크레파스를 녹여 찍고 뿌린다.

③ 흰색지를 떼어내면 완성

공간 모던아트

- Lesson 28

■ 준비물 : 색종이, 색지, 포장지, 잡지, 송곳, 색종이, 물, 가위

공간 모던아트 응용 ①

▶검정색 종이에 송곳으로 구멍을 낸다.
▶뒷면에 여러 색의 색종이를 붙인다.
▶흰색 락카를 뿌린다.

▶검정색 종이에 칼을 대고 종이를 잡아당겨 모양을 낸다.
▶모양을 만든 뒤에 색종이를 붙인다.

공간 모던아트 응용 ②

▶색지를 돌 위에 놓고 돌이나 망치로 공간을 만든 후 뒤에 색종이를 붙인다.

▶색지 뒷면에 색종이를 붙이고 네임펜으로 그리고 싶은 그림을 그린다.

▶검정색 종이에 칼을 대고 잡아당겨 모양을 낸다.
▶뒷면에 색종이를 붙인다.
▶흰색과 금색 락카를 뿌린다.

공간 모던아트 응용작품

생각 색지를 못으로 긁어 구멍내어 뒷면에 색종이 붙이기

▶포장지로 공간 만들기

▶잡지로 공간 만들기

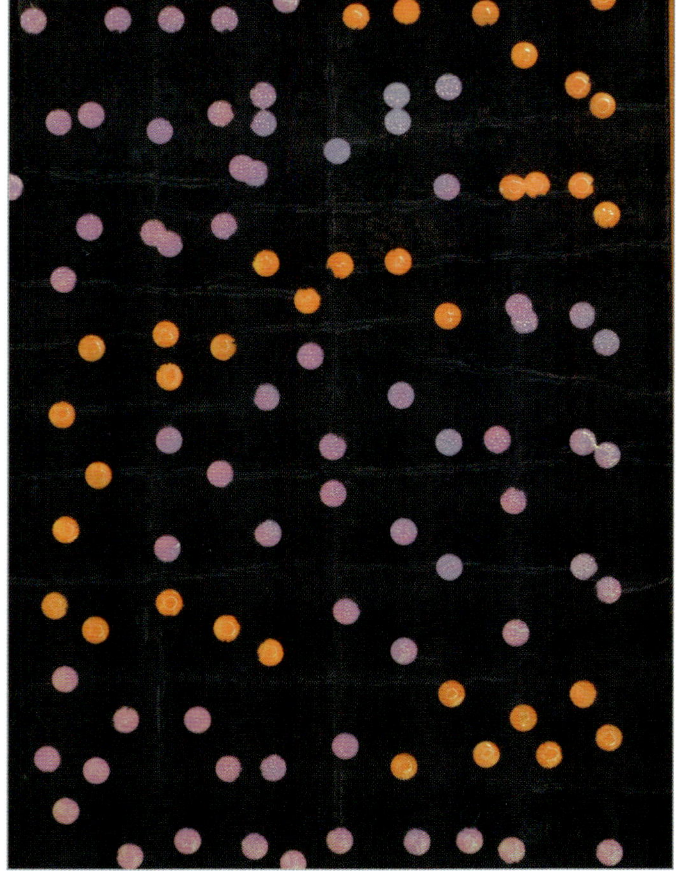

▶펀치로 공간 만들어 색종이를 뒷면에 붙인다.

종이 모던아트(종이 구겨 찍기)
- Lesson 29

▶ 차가운 느낌의 색으로 찍어보기

■ 준비물 : 물감, 종이, 신문지

종이 구겨 찍기 응용 ①

① 접시 위에 여러 가지 색의 물감과 신문지 조각을 준비한다.

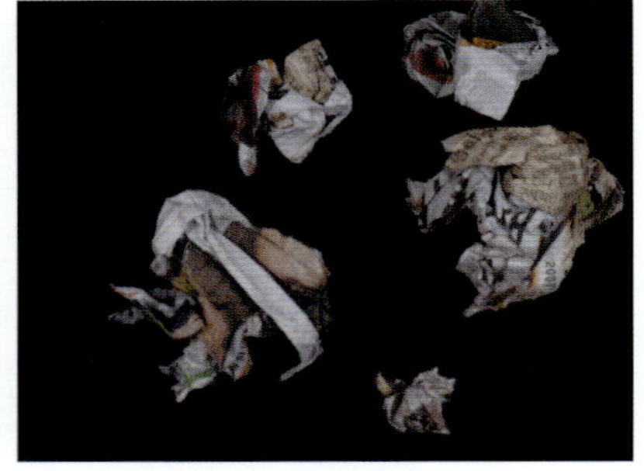

② 신문을 구겨서 뭉치를 만든다.

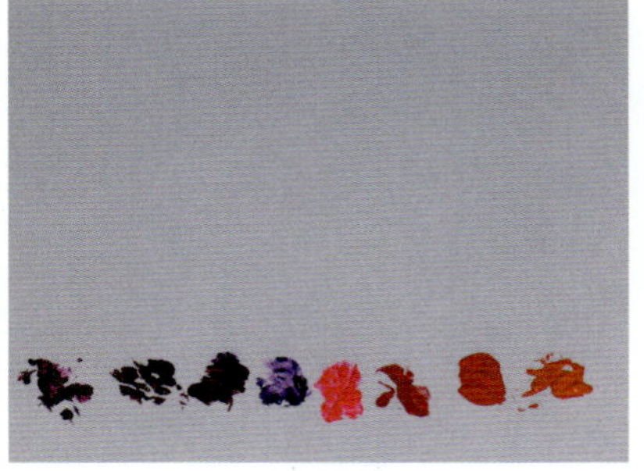

③ 신문지 구긴 것으로 물감을 묻혀 종이에 찍는다.

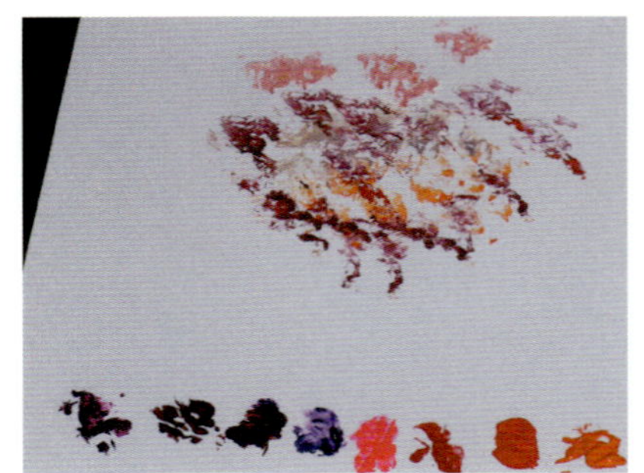

④ 반복해서 찍는다.

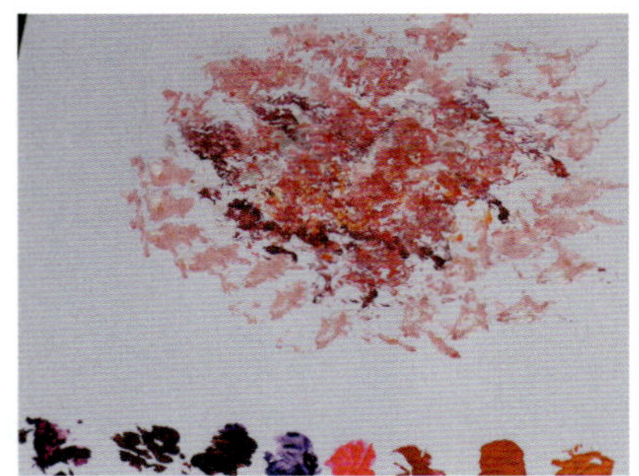

⑤ 범위를 넓혀서 찍는다.

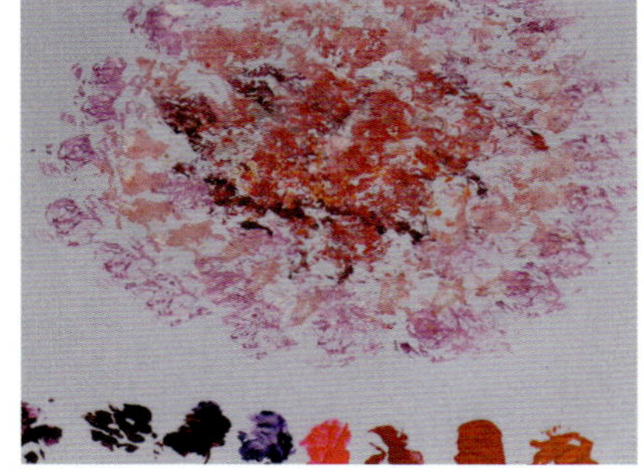

⑥ 완성

종이 구겨 찍기 응용 ② | 다양하게 표현해본 꽃

종이 구겨 찍기 응용 ③ | 사과 모양을 그리고 찍어보기

① 사과를 그린다.

② 종이를 구겨 물감을 묻혀 찍는다.

③ 반복해서 찍는다.

참고하세요

★어린이에게 소묘는 왜 필요한가?

① 소묘는 쉽고 재미있기 때문이다.

② 소묘를 통해 창의력을 기를 수 있기 때문이다.

③ 소묘를 통해 자신감과 용기를 얻을 수 있기 때문이다.

④ 소묘 활동을 함으로써 어린이의 소근육 발달은 물론 물체를 관찰할 수 있는 능력을 기를 수 있다.

⑤ 소묘는 불가시적인 현상을 가시적인 현상으로 바꾸어 놓는다.

⑥ 소묘는 가장 부담이 적고 자유로우며 자기자신을 표현하는 중요한 역할을 한다.

⑦ 소묘는 자신의 이야기를 자세하게 표현할 수 있다.

⑧ 소묘를 통해서 인성교육을 할 수 있기 때문이다.

⑨ 소묘를 하면 정신세계와 공간에 대한 감각이 길러진다. 마음과 눈에 보이는 모든
   것에 대한 애정을 갖게 되기 때문이다.

① 바구니 모양을 생각하며 찍어보기　　⇒　　② 바구니 모양 완성

종이 구겨 찍기 응용 작품

종이 구겨 찍기란?

여러 가지 종이를 구겨서 물감을 묻혀 색
지에 찍으면서 배우는 볼록판화의 일종으
로 가장 쉬운 판화놀이이다. 어린이 소묘
지도처럼 쉽고 재미있으며 창의력과 자신
감을 가질 수 있는 활동이다.

종이 구겨 찍기 응용 작품

보석 종이 구겨 찍고 물감 뿌리기

화병 종이 구겨서 찍기

종이 구겨 찍기 응용 ⑤

① 구긴 종이에 물감을 묻혀 찍는다.

② 같은 색끼리 선을 긋는다.

종이 구겨 찍기 응용작품

▶종이 구겨 찍고 돌리기

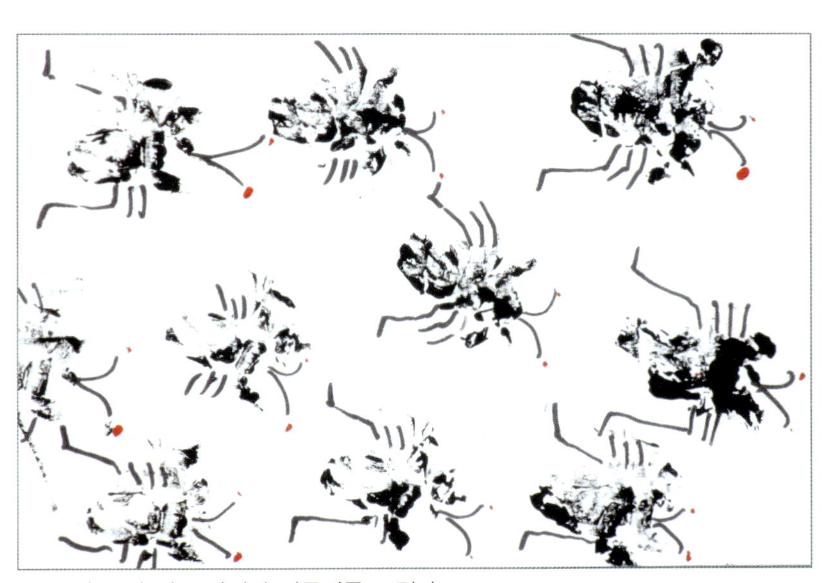

▶종이 구겨 찍고 다리와 더듬이를 그린다.

낙서대회

그림 그리기에 대한 두려움이나 표현의 어려움을 해소시켜주기 위하여 낙서대회를 해 보자. 낙서를 싫어하는 어린이는 없다. 재료를 총동원하여 붙이거나 긁거나 뜯어내거나 문지르거나 흘리거나 칠하기를 해본다. 친구와 다른 자신을 발견하게 하고 개성있게 표현한 낙서를(어린이가 봐서 못해 보이는 것) 칭찬하여 자기 마음대로 신나는 낙서 방법을 찾아낼 수 있게 유도하면 매우 흥미있어 하며 그리기에 대한 잘못된 인식에서 벗어나게 할 수 있다.

번지기 모던아트

■ **준비물 :** 물감, 붓, 물티슈, 키친 타월, 휴지, 화선지

번지기 응용작품

▶화선지에 번지기

▶켄트지에 번지기

번지기 응용 ①

① 물이 묻은 종이에 여러 색깔의 물감을 칠한다.

② 검정색 물감을 이용해 번지게 한다.

③ 완성작

긁어 번지기 응용 1

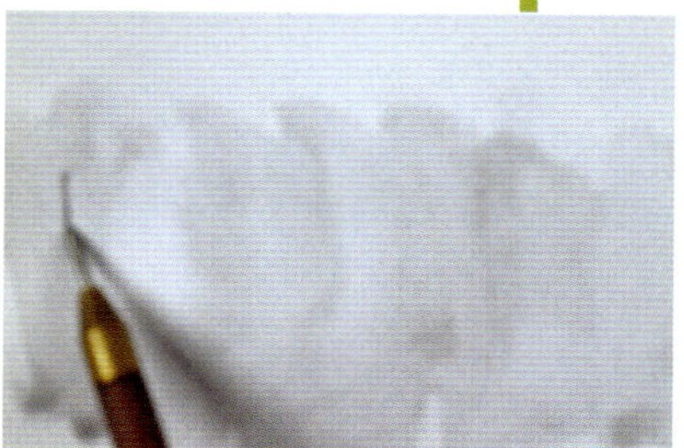
① 종이에 물을 묻힌다.

② 리들로 그림을 그린다.

③ 그림 위에 검정 물감을 칠한다.

④ 농담을 이용해서 칠한다.

완성작

번지기 참고 작품

고향

겨울

먹물 마블링 모던아트
-Lesson 31

■ **준비물** : 먹물, 식용유, 막대, 한지, 색지

먹물 마블링 모던아트 응용 ①

① 먹물, 식용유, 막대, 용기를 준비한다.

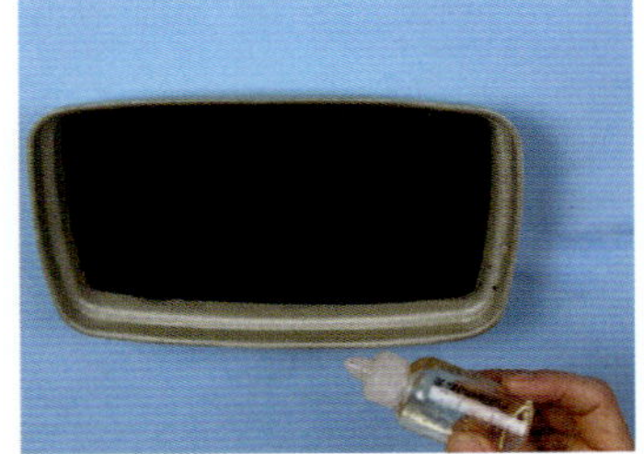

② 물을 용기에 담고 먹물을 섞는다.

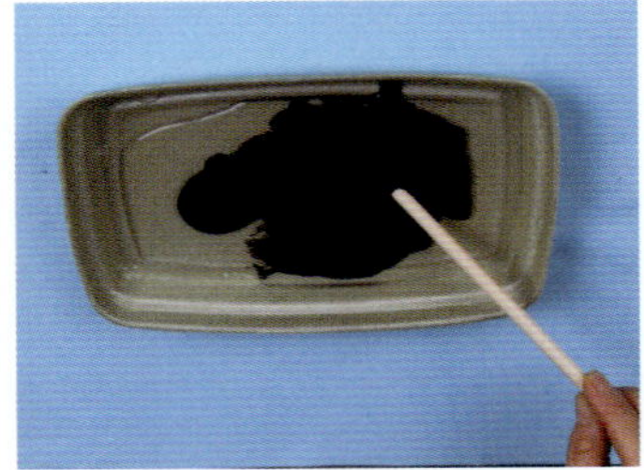

③ 식용유를 떨어뜨리고 막대로 섞는다.

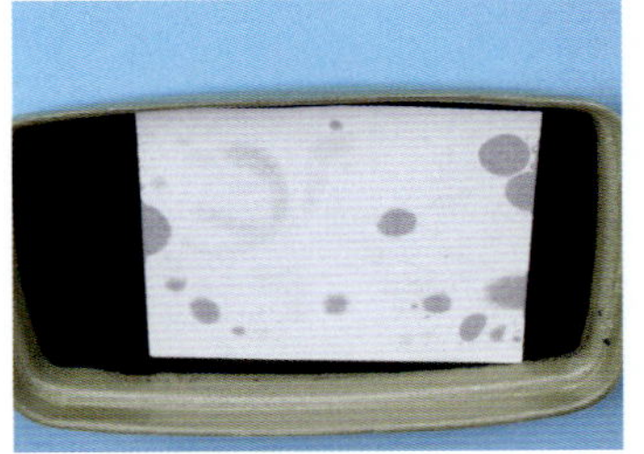

④ 한지나 색지로 살짝 덮는다.

⑤ 종이를 걷어낸다.

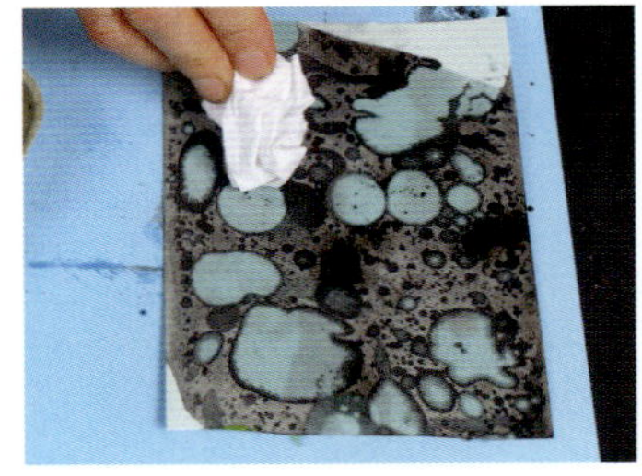

⑥ 식용유를 휴지로 닦는다.

먹물 마블링 모던아트 응용작품

▶ 마른 후 색칠해보기

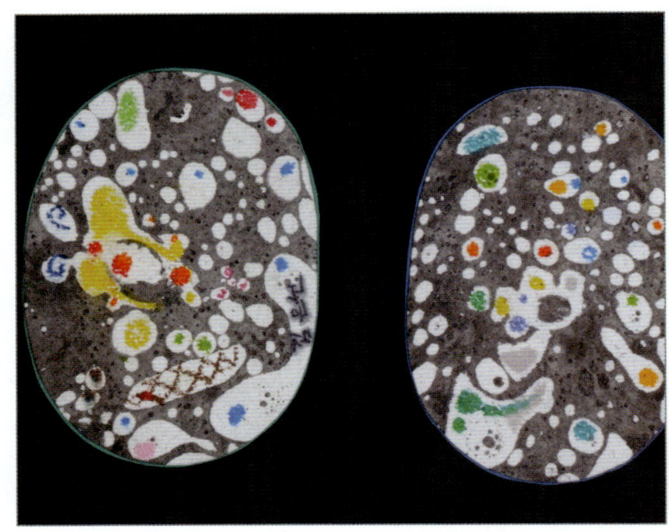

▶ 마른 후 색칠해보기

먹물 마블링 모던아트 응용작품 | 컬러 마블링으로 찍어낸 다음 그려보기

아기 가진 고양이

구름다리

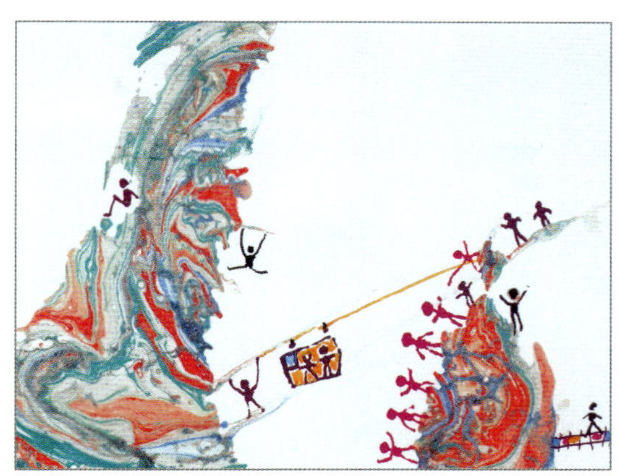

재미있는 케이블카

내가 일등

나는 자동차

번지 점프

PART 4

1. 미술교육

Q 어린이 그림 지도는 몇 세부터 시작하면 좋을까요?

A 어린이가 3세가 되면 부모님은 무언가를 가르쳐주고 싶어합니다. 무엇을 가르쳐 주어야 우리 어린이가 행복하게 살아갈 수 있을까요? 21세기는 흔히들 정보화 시대라 하여 어린이들에게 세계화 추세에 맞는 교육을 해야 될 것이라는 막연한 생각에 그저 초조해하며 무엇이든 가르쳐야 된다는 교육열을 가지고 있으며 왠지 가르치지 않으면 우리 아이가 뒤쳐지는 것 같은 느낌을 갖게 됩니다. 피아노, 미술, 무용, 바둑, 태권도, 바이올린 등 가르쳐주고 싶은 것이 많습니다.

오늘날 많은 어린이들은 미술에 대한 관심과 흥미를 가지고 있지만 학교 교육에서 필수적인 것이라고 생각하지 않습니다. 이러한 생각들로 인하여 그림 그리기는 여유가 있을 때 취미생활 정도로 하면 된다고 생각하지요.

우리나라 미술 교육이 정규 교육 과정으로 시작한 지도 100년이 넘었습니다. 그러나 사람들의 잘못된 인식 때문에 학교에서는 미술 시간이 줄어들고 사회적인 필요성의 감소는 미술 교육의 필요성에 의문을 제기하였습니다. 결국 미술 교육에 대한 투자를 감소시켜 발전을 저해하는 결과를 초래했습니다.

그림 그리기는 자연스러운 표현 욕구에서 시작되는 것으로 개성을 바탕으로 새로운 아이디어를 찾아내는 유연한 사고와 직관, 사상, 감정 등을 가시화된 표현으로 이끌어내는 과정에서 어린이의 개성을 신장시킬 수 있기 때문에 어릴 때부터 가르쳐주어야 합니다.

여기서 가르쳐준다는 것은 어른이 가르쳐주는 형태의 것이 아니라 부모님의 관심을 말하며 그림을 그릴 수 있는 도구를 마련해주는 것을 뜻합니다. 어린이의 그림 지도는 태어나면서부터 시작하는 것입니다. 그들이 세상에 태어나면서 보고, 느끼는 것이 미술이니까요.

유아기에는 미술을 가르쳐주는 것이 바람직합니다.

Q 미술 지도를 하면 왜 창의력이 좋아지나요?

A 미술은 자신의 생각을 나타내기 위하여 점, 선, 면, 색 등의 미술 언어를 조작하여 형태를 만들고 직관, 사상, 감정 등을 부여하면서 스스로 문제를 해결해나가는 경험을 제공해줍니다.

아울러 심리적 경험 속에서 창의적이고 분석적이며 종합적인 사고력, 판단력 등을 발휘할 수 있게 합니다. 이것은 미술 교육에서 고차원적인 지적능력을 다루고 있다는 것을 의미하며 창의성을 기르는 데 가장 좋은 교과임을 말합니다.

아울러 교사들은 상상력과 창의력을 막는 방법이 아니라 도움을 주는 방법으로 이끌어주어야 합니다.

Q 어린이 그림에서 완성이라는 기준이 있는 건가요?

A 어린이의 그림(또는 조형작품)에서 완성이란 없습니다. 어린이는 어느 하나를 그리거나 만드는 과정에서도 끊임없이 다른 것을 생각하고 부수어 버리기 때문입니다. 이 때 완성했다고 하는 것이 어른의 눈에는 먼저 것만도 못한 보잘것없는 것이 되어버리는 때도 있습니다. 하지만 그 작품 안에는 어린이의 생각과 상상이 담겨있

으니 소중하게 다루어 주셔야 합니다.

어린이의 작품은 결과보다 과정이 중요하니까 말이죠.

2. 학원과 선생님

미술 학원은 미술 교육을 전수함을 목적으로 설립된 사회교육 기관입니다. 바꾸어 말하면 미술이라는 폭넓은 영역을 그 학원의 특성에 따라 능력과 기술을 전수하는 것에 목적이 있다고 하겠습니다. 어린이에게 그림 그리는 방법과 그림 그리는 손재주를 길러주려면 미술 학원에 보내는 것도 한 방법이겠지요.

그러나 어린이는 미술이라는 매체를 통해 즐겁고 행복감을 느끼면서 인격을 형성해가는 것입니다. 사물을 눈에 보이는 대로 느끼는 초등학교 4학년부터는 미술 학원에서의 종합적 교육을 고려해볼 수 있겠으나 그 이전의 어린이는 자유롭게 자기 생각을 표현할 수 있도록 재료만을 제공해주는 것이 오히려 폭넓은 사고를 할 수 있는 기회를 마련해주는 것입니다. 반드시 미술 학원에 보내지 않더라도 어머니와 함께 미술 활동을 할 수 있습니다.

어린이 참고 작품　장수 풍뎅이

어린이의 미술 선생님은 유명한 전문가나 화가가 아니어도 좋습니다. 열과 성의가 있고 교육애를 가지고 있는 분이 어린이에게는 훨씬 좋은 선생님입니다.

어린이의 그림을 예술적 시각으로만 보는 선생님보다는 어린이 입장에서 이해하고, 아동화를 연구하는 선생님이 어린이에게 필요한 선생님입니다.

어린이는 선생님에게 그림을 배움과 동시에 선생님 인격의 영향을 무비판적으로 받아들입니다. 이런 뜻에서 미술 선생님은 교육애와 더불어 어린이가 보고 배울 수 있는 인격 형성에도 힘써야 합니다.

방문지도 선생님도 마찬가지입니다. 위에서 언급한 선생님의 요건에 부합하다면 방문지도 선생님에게 미술을 배우는 것도 괜찮습니다. 다만 방문지도 선생님을 선택할 때는 1:1 개인지도보다는 여럿이 함께 지도받는 것이 어린이들이 미술 수업을 보다 신나고 재미있게 받을 수 있을 것입니다.

어린이 참고 작품　게

위와 같은 맥락에서 보면 어머니는 훌륭한 교사가 될 수 있습니다. 어린이를 가장 사랑하고 아끼는 사람은 그 어린이의 어머니이기 때문입니다. 미술에 대해 모르는 어머니가 훨씬 더 자신의 아이를 잘 가르칠 수도 있습니다. 왜냐하면 모르는 만큼 더 연구하고 공부할 수 있을 테니까요.

어머니는 어린이의 작업 흔적을 잘 모아서 시간 되는대로 방안에 전시장을 꾸며주고 이웃 어머니들을 초대하여 그 과정과 내용을 어린이 앞에서 칭찬해주세요. 이 어린이는 창의력은 물론이거니와 매사에 자신감있는 어린이로 성장할 것입니다.

3. 어린이가 그림 그릴 때의 여러 가지 유형

A 우선 이 어린이는 자신감이 부족한 경우입니다. 어린이가 자아형성을 함에 있어 주저하고 남의 눈치만 보면서 자란다면 얼마나 안타까운 일입니까?

어린이는 칭찬의 밥을 먹고 자란다고 합니다. 이 어린이가 혼자 그린 그림을 여러 사람이 잘 보이는 곳에 붙여놓고 칭찬해 보십시오. 그 후에 "오늘 집에 가면 선생님께 칭찬받았다고 말하자"고 해 보세요.

습관적으로 남에게만 의지하려는 독립심이 부족한 어린이를 가끔 보게 됩니다. 이런 어린이의 그림을 보면서 내가 이 세상에서 최고라는 생각이 들도록 지도해 보십시오.

그 후에도 친구의 그림을 보고 그리려고 한다면 큰 종이를 주고 친구들과 함께 그리고 싶은대로 그리도록 한 다음 그 어린이의 그림에 빨간 동그라미를 치고 "혼자 생각해서 그린 것이 더 멋있구나!"라고 칭찬해주는 것도 한 방법이 되겠습니다.

인간은 본능적으로 표현하고자 하는 욕구를 가지고 있으며 그 욕구가 창의력으로 연장되어 무한한 가능성을 낳게 했기 때문에 인류의 역사는 찬란한 것입니다.

각자가 표현하고자 하는 욕구를 마음대로 발산할 수 있도록 도와주는 것이 교사의 의무입니다.

A 어린이는 그림 그리기를 매우 좋아합니다. 그런데 그림을 그리지 않고 가만히 앉아있다면 첫째, 무엇을 그리면 좋을지 생각이 안 나는 경우와 둘째 자신감이 없어 엄두가 안 나는 경우, 셋째 선생님이 무엇을 그리라고 하는지 어린이 입장에서 이해하지 못하는 경우라고 할 수 있습니다.

첫째의 경우는 그 어린이의 수준에 맞추어 이야기를 해주고 활동시키면 됩니다.

예를 들면 "구름 위에 빨간 도깨비가 오줌을 쌌는데…" 하며 동기를 부여해주면 흥미를 가지고 그리기 시작하게 되지요.

둘째의 경우는 위의 1번과 같은 방법으로 칭찬해주는 방법이 있습니다.

셋째, 그 어린이에게 선생님이 너를 사랑한다는 애정표현을 충분히 해 주고 그림그리는 것을 어린이의 수준에 맞추어 쉽게 이해시키는 것이 필요합니다.

A 유치원생 정도 연령의 어린이는 눈에 보이는 것을 그리는 것이 아니고 알고있는 것들을 그림으로 표현하는 것입니다. 남에게 보여주지 않는 것은 우선 자신이 없고 창피하다는 느낌을 가지고 있는 어린이입니다. 그렇다면 '창피하다'는 생각을 머릿속에서 지우는 작업이 필요합니다.

예를 들면 핑거페인팅이나 모래놀이, 색종이 붙이기나 신문 길게 이어 붙이기 등 두 손을 사용하지 않으면 안 되는 재미있고 쉬운 활동을 많이 시키면 좋습니다.

본책에 소개한 활동을 계속 시키면 자신감이 생기고 창피하다는 생각이 없어집니다. 왜냐하면 활동내용 자체가 일정한 형태가 나오는 것이 아니므로 잘잘못을 판단하기 어렵기 때문이죠. 어린이 자체가 활발해지려면 "나는 잘한다", "나는 할 수 있어"라는 자신감이 있어야 합니다. 그 자신감은 무엇보다도 미술 교육을 통해서 길러질 수 있습니다.

어린이 참고 작품 **결투**

Q 그림 그리기가 무조건 싫다고 하는 어린이의 경우

A 대부분의 어린이가 그림 그리기를 좋아합니다. 그런데 그림 그리기가 싫다고 하는 어린이는 반드시 이유가 있습니다.

어려서 어머니가 그림을 그려줬다거나 그 어린이가 그린 그림을 본 어른들이 "저게 뭐냐?", "뭘 그렸는지 모르겠다."라는 말을 들어본 어린이는 당연히 그림 그리기를 싫어하게 됩니다.

어른들에게나 친구들에게 잘 그려서 칭찬받고 싶은 마음이 앞서는데 머리와 손이 따라주지 않을 때 어린이는 그림을 그리려고 하지 않습니다.

이때는 이 책에 소개되어 있는 모던아트 기법을 활용하면 도움이 됩니다. 꼭 모양을 그려야만 그림이 되는 것이 아니라 마음과 머리로 생각하여 만든 점토작품 같은것도 그림이라고 쉽게 이해할 수 있도록 설명해주고, 붓 대신 신문지를 말아서 사용한다거나 크레파스 대신 포스터 물감을 직접 찍어 그려보게 하여 우연히 나타나는 아름다운 효과를 직접 느끼게 해주면 닫힌 마음을 여는 데 도움이 될 것입니다.

Q 그림 그리기보다 만들기에 관심이 많은 어린이의 경우

A 어린이들은 의미를 알 수 없는 선 그리기부터 시작하여 평면에서 입체로 분야를 넓혀갑니다.

이러한 어린이들의 욕구를 충족시키고 꿈을 키워주려면 평면 그림만으로는 당연히 부족합니다. 그래서 신나는 조형놀이는 어린이의 창의력에 도움을 줍니다.

조형놀이를 하기 전에 만들 것을 계획하여 그림으로 그려보게 한 뒤 만들기를 시켜보시기 바랍니다. 자신이 그린 그림과 똑같이 만들어나가는 것에 대해 성취감을 느끼게 되면서 그림 그리기에도 자연스레 흥미를 가지게 될 것입니다.

Q 스스로 그리려고 하지 않고 어른들에게 그려달라고 조르는 어린이의 경우

A 어린이가 자기 힘으로 어린이다운 그림을 그릴 수 있게 어머니나 선생님이 조용히 도와주어야 합니다. 이때 그려달라고 졸라댄다고 하여 무작정 그려주면 어린이 쪽에서는 시각적으로 완전한 그림으로 느끼기 때문에 더욱 스스로 그리기를 주저하게 되고 이런 일이 몇 번 반복되면 자기 자신을 그림 못 그리는 사람으로 여기게 됩니다.

어떤 그림이든지 자기 혼자 힘으로 그리는 습관을 갖게 하려면 어머니는 못 그리는 사람이라고 단정해버리도록 하고, 그림은 어린이 자신이 제일 잘 그린다고 자부심을 갖도록 해주는 것이 가장 중요합니다. 어린이가 막무가내로 그려달라고 하면 얼른 그려주십시오. 그런데 어린이보다 훨씬 엉망으로 그려야 합니다. 엄마나 선생님은 그림을 못 그리는 사람이니까요.

Q 늘 같은 그림만을 그리려고 하는 어린이의 경우

A 여자 어린이가 튤립이나 인형같은 여자만 그리거나 남자 어린이가 괴물이나 로봇만 고집해서 그린다면 개념적인 그림을 그린다고 할 수 있습니다. 개념적인 그림을 그리는 어린이는 창의력에 도움이 되지 않으므로 하루속히 그 속에서 빠져나오게 해야 합니다. 그 방법은 여러 가지가 있겠으나 많은 경험을 하게 하고 재료와 도구를

다양하게 준비하여 활동하게 하는 것이 중요합니다. 때로는 색을 제한해서 그려보게 하는 것도 방법입니다. 검정색, 파란색, 노란색, 녹색만을 골라 책상 위에 놓고 크레파스 뚜껑을 달은 다음 가족을 그려보게 합니다.

처음에는 어쩔 줄 몰라하지만 정해진 색깔로만 그리는 그림은 더욱 재미있다는 것을 깨닫게 됩니다.

또한, 모던아트 기법을 사용해보는 것도 폭넓은 사고 활동을 하는 어린이로 발전하는 계기가 될 것입니다.

A 연령에 맞지 않는 그림을 그릴 때 지도 교사나 부모님은 당황하게 됩니다. 이럴 때는 조금도 서두르지 말고 한 단계 낮은 생활 경험부터 해야 합니다.

어린이를 한 사람의 학생으로 볼 때 그 능력을 잘 평가하여 어린이 능력에 맞게 노력하였으면 칭찬해주고 부족할 때는 주의를 주지 않으면 안 됩니다. 어린이의 사기를 살려주기 위해 칭찬만 하는 것은 아동중심 교육의 기본 이념에 어긋난 것입니다.

하지만 한 되들이 그릇에 쌀이 한 되밖에 안 들어가듯이 어린이의 능력 이상으로 요구하면 노력하는 자체에 무의미함을 느껴 그림 그리기가 싫어지고 맙니다. 현명한 지도자는 어린이가 가지고 있는 능력을 잘 파악하여 매일매일 어린이를 긍정적으로 보는 사람입니다. 그 어린이 수준에 맞추어 한 단계 또는 그 이상 낮은 단계의 경험부터 시작해보세요. 도형 그리기나 선긋기부터 말입니다. 그림을 통해서만이 생활 경험을 바꿀 수 있습니다.

A 그런 어린이일수록 자유롭고 신나게 그림을 그리지 못하고 어른의 강요에 의해 위축되어 있는 어린이입니다. 창조적인 의욕은 유아기에 이루어집니다. 유아기에는 조건없이 그림 그리기를 해야 하므로 어른들은 유아기에 마음을 열 수 있도록 도와주어야 합니다. "틀리는 것은 없다"고 그림에 대한 두려움을 없애주어야 합니다.

A 어린이에게 왜 그렇게 그렸냐고 물어보세요. "틀려서" 또는 "잘못 그려서" 그렇다는 어린이는 대부분 부모가 간섭하는 가정에서 자란 어린이가 많습니다. 그림의 표현에 있어서 실패라는 말은 없습니다. 만약 그것을 대신할 말이 있다면 표현 기술이 부족하다는 말이겠지요?

어린이의 자유로운 표현 방법을 그대로 인정해준다면 그런 버릇은 금방 고쳐질 것입니다.

4. 색칠하기

A 어린이가 만 3세가 되면 문장을 이어가는 능력이 발달됩니다.

"엄마, 우유"에서 "엄마! 우유 더 주세요."란 긴 문장을 쓰면서 호기심도 동시에 증가하여 "이게 뭐야?"라는 물

어린이 참고 작품

음을 습관적으로 하게 됩니다.

그림은 언어적 표현입니다. 말수가 많아진 어린이는 무엇인가 그리고 싶은데 잘 안 된다는 것을 인지합니다. 좀 더 잘 그리고 예쁜 색을 칠하고 싶은데 말입니다.

그러나 그 생각은 일시적인 것이라 생각하시고 "무슨 색을 칠해요?"라고 물어오면 "응, 예쁜 색으로 칠해보렴" 하며 가볍게 대답하는 것이 좋습니다.

물론 초등학생에게는 그 나이에 맞는 합리적이고 타당한 말로 설명해주어야 하지만요. 이때 잘못 말해주면 하늘은 하늘색, 땅은 고동색, 나뭇잎은 녹색으로 평생 칠하게 되는 우를 범하기 쉽습니다.

그런 질문을 받았을 때는 그림은 눈에 보이는 색을 칠하는 것보다는 마음 속에 여러 가지 창문이 있는데 그 창문을 통해서 보고 느낀 것을 칠하면 된다고 이해시켜 주세요.

A 어린이는 선으로 그리기를 좋아합니다. 따라서 2차원적인 면을 형성한다는 것은 그리 쉬운 일이 아닙니다. 어린이 미술 지도는 선화를 해야 하고 그 선화를 자기 생각대로 자연스럽게 하다보면 색칠하려는 생각이 들게 마련입니다. 고집적으로 색칠을 안 하고 있다면 코팅지 위에 검정색 매직으로 그리고 싶은 것을 그리게 한 다음 흰종이 위에 크레파스나 파스텔로 칠을 하여 코팅지를 그 위에 올려놓고 테이프로 붙인 다음 벽에 붙여줍니다. 그림을 여러 번 감상하면서 색칠하는 것이 안 하는 것보다 멋

있다는 것을 어린이 스스로 터득하게 하는 방법도 해볼 만합니다. 절대 색칠을 강요해서는 안 됩니다.

A 여러 학자들의 의견이 분분하지만 확실한 것은 "너무 많은 것은 안 좋다"라는 것입니다.

어린이가 그 색의 이름을 다 알고 충분히 활용할 줄 아는 범위의 색수가 그 어린이에게 가장 적당한 수입니다. 그리고 그림 물감을 혼합하여 많은 색을 만들 수 있는 경험을 어린이가 직접 하게 해 주세요.

A 검은색으로만 그린다고 정서가 불안하다거나 지적 능력이 떨어진다고 성급히 판단해서는 안 됩니다. 여러 가지 색깔이 가지는 특성에 대해 충분히 이야기해주고 검은색으로만 다 그리고 색칠을 하게 되면 형태를 잘 알아볼 수 없음을 인지시켜 주세요. 다른 색을 썼을 때 칭찬하는 것도 잊지 마시고요.

모던아트 기법을 활용하여 한 가지 색보다 여러 가지 색을 사용해서 얻은 효과가 더 아름답다는 것을 경험해보는 것도 중요합니다.

A 좋다 나쁘다 단정지어 이야기할 수 없습니다.

어린이 참고 작품

반대로 검정색이나 회색으로 밑그림을 그리는 것 또한 좋다 나쁘다 말할 수 없겠지요. 왜냐하면 각자 장단점이 있기 때문입니다. 색을 한정짓지 마세요. 밑그림의 색은 이거다 정해주지 말고 여러 색을 써서 경험해 볼 수 있게 어린이를 도와주세요.

바탕이 꼭 메워져 있어야 한다는 생각 자체가 잘못입니다.

바탕을 칠하지 않은 그림이라도 완성도 있는 그림은 얼마든지 나올 수 있습니다. 아이들이 크레파스로 바탕칠하는 것을 힘들어 한다면 수채화 물감이나 파스텔 또는 다른 재료를 사용하여 칠하게 해보세요.

물론 안 칠해도 괜찮습니다. 어린이가 그림 그리는 것을 재미있어 하는데 바탕을 메워야 한다는 것 때문에 위축되어서는 안 되겠죠?

어린이에게 그림 물감으로 그리게 하면 한 번 그린 그림 위에 또 그리면서 재미있게 놉니다. 이때 어린이는 그림을 그리는 것이 아니고 물감을 칠하는 것을 즐기고 있는 것입니다. 완성된 그림은 무엇을 그린 건지 모르지만 그림 전체에 어린이다운 약동감이 충만할 것입니다.

어린이는 언제나 새로운 재료에 흥미를 느낍니다. 무엇이든 손에 쥐어주며 그릴 수 있는 나이가 되었다면 물감뿐만 아니라 연필, 매직, 사인펜 등 여러 가지 재료를 주어 새로운 경험을 하게 해주는 것이 좋습니다.

물감을 섞어 새로운 색이 되는 것은 어린이들에게 굉장히 신기한 경험입니다. 어린이 스스로 색을 섞어 예쁜

색에 대한 기쁨을 맛보게 하는 것은 색에 대한 따뜻한 감정이라 하겠습니다.

어린이가 실제로 몇번이고 반복해서 그리는 사이에 어떻게 해서 그런 색이 된 것인가를 자기 자신이 발견하게 하는 것이 가장 바람직합니다. 물감을 사용할 때는 나이에 따라 다르지만 우선 팔레트에 물감을 골고루 타서 하루나 이틀 굳힌 다음 물과 붓의 사용법을 가르쳐주고 "붓은 물을 이만큼 좋아하고 물감 아줌마를 이만큼씩 좋아한다"하고 의인화시켜 이야기해주세요.

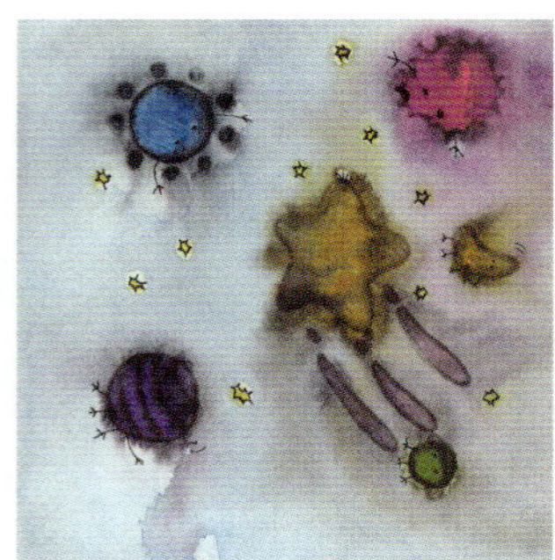

어린이 참고 작품

5. 지도법

다른 것을 그리게 하세요. 그 어린이는 아마도 집에서부터 그리고 싶은 것을 생각하고 학원에 갔을지도 모릅니다. 또는 설명한 주제보다 더 흥미있는 주제가 마음

속에 있는지도 모르지요.

그리고 싶은 것이 있는데 못 하게 하는 것은 어린이를 의기소침하게 만드는 일입니다.

어린이에게 그리고 싶은 마음이 들게 흥미롭고 재미있게 설명했는데도 다른 것을 그리고 싶어하는 아이에게는 주저하지 말고 하고 싶은 것을 할 수 있도록 해주세요.

A 어린이 특히 유치원생은 좋아하는 그림이 일정하기 때문에 어떤 사물을 그리라고 하면 항상 좋아하는 쪽으로 같은 형태가 나올 수 있습니다.

항상 같은 사람만 그린다면 그림을 그릴 때 좀더 구체적인 동기 부여와 질문을 해주세요. "머리색은 어떤 색으로 할까?", "기쁠 때 표정은 어떻지?", "달릴 때 사람의 발 모양은 어떨까?" 등의 질문과 함께 여러 유형의 사람을 볼 수 있는 자료도 함께 제공하면 좋습니다.

A 안 됩니다.

어린이는 어린이 나름대로 독창적인 자신만의 세계가 있어 어른은 그 세계로 들어갈 수가 없습니다. 어린이의 그림에 교사나 또는 그 누군가가 손을 댄다면 그것은 어른의 생각이지 그림을 그린 어린이의 생각이 아닙니다.

어린이 참고 작품

"이거 이렇게 하는 것이 어떨까?" 하고 손을 댄다면 어린이는 당장에 수용을 하더라도 자신의 생각이 마음대로 표현하지 못함에 자신감을 잃어버리게 될 것입니다.

선생님이나 어머니는 대신 그려주는 사람이 아니라 어린이의 생각이 앞서갈 수 있도록 도와주는 조언자이자 응원하는 사람입니다.

A 아닙니다. 아무렇게나 그려놓은 그림에 이름을 붙이는 것은 유아기에 누구나 거치는 자연스러운 현상입니다.

어린이가 생후 3년째가 되면 종이 위에 자기 나름대로 이름을 붙여가며 놉니다. 이때 교사나 어머니는 선화에 더욱 많은 이름을 붙이도록 도와주어야 합니다. 말수가 많아지고 아이가 성장함에 따라 형태가 있는 그림을 그리고 제법 설명을 늘어놓게 된답니다.

A 가장 좋은 방법은 실제 그림을 보여주면서 이야기하는 것입니다.

우선 작가별로 분류한 뒤에 그림의 이름을 알려주고 그림의 특색, 질감 등을 설명해줍니다. 그림이 탄생하게 된 배경을 이야기해주는 것도 좋습니다. 어린이들은 어른이 생각하는 것 이상으로 빨리 받아들이고, 작가별로 분류하기도 하며 각자 나름대로 그림에 대한 느낌도 말할 줄 압니다. 그런 뒤에 맘에 드는 그림을 작가가 그린 방법으로 따라 그려보게도 하고 또는 아주 다른 방법으로 그리게 하는 것도 좋은 공부가 될 것입니다.

A 프로젝트 수업이란 계획해서 수업한다는 뜻입니다.

바꾸어 말하면 차근차근 계획을 구체적으로 세워서 미술 교육이 갖고 있는 목적을 달성하는 것이지요. 예를 들어 나무 프로젝트 수업을 진행하려고 하면 어린이에게 우선 나무에 관한 자료를 수집하고 실제로 관찰하게 합니다. 나무의 종류에 대해서도 알아보고 구체적인 대화를 나눈 뒤 어린이가 무엇을 표현해야겠다고 마음을 먹으면 성공입니다. 문체를 표현하고자 할 때는 쉽게 생각하십시오. 만져보고 두드려도 보고 위, 아래 여러 방향에서 관찰하고 무엇하는 데 쓰며 어떻게 생겨났을지에 대해 구체적인 이야기를 나눈 뒤에 어린이 나름대로 표현하게 하면 되는 것입니다.

어린이는 보이는 것을 그리는 것이 아니라 알고있는 것을 그림으로 그립니다.

슬픈 것을 알게 되면 그 기분까지 그리려고 합니다.

가령 작품이 어른의 눈엔 미숙해 보일지라도 어린이가 열심히 노력한 작품에 대해서는 그 노력을 높이 평가하여 칭찬하는 것이 백번 옳은 일입니다. 어린이 그림을 고급액자에 끼워서 잘 보이는 곳에 걸어주면 어린이는 큰 자신감을 가지게 됩니다.

또한 어린이가 그림 그리는 과정을 지켜보면서 어린이로부터 들은 내용을 신기해하며 칭찬해준다면 그 어린이는 그림에 대해 재미있게 설명하고 창의력도 향상될 것

어린이 참고 작품

입니다.

6. 보고 그리기

그림을 보고 흉내내는 것은 어린이의 독창성을 잃게 하기 쉬운 요소가 됩니다. 그러나 그림을 주고 요구하는 방법(도입과정)에 따라 여러 가지 효과를 얻을 수 있습니다.

예를 들면 정월에 그 해의 동물이 인쇄된 카드를 주고 간단한 말을 씁니다. "올해는 원숭이해입니다." "감기에 걸리지 않도록 외투를 입혀주세요."

방학이 끝나면 여러 가지로 색칠한 외투를 입힌 그 카드를 가져오게 해보세요. 색은 칠하지 않고 색종이로 붙인 어린이도 있을 것입니다. 그 해의 동물에 색 외투를 입힘으로 방학 중 끊겨있던 선생님과 어린이의 우정을 지속해서 연결시킬 수 있습니다.

보고 그리는 그림에 대하여 창의력이 없다고 나쁜 쪽으로만 생각하지 마십시오. 보고 그리는 그림을 연령에 맞게 반복하여 그려보면서 자기 자신의 생각을 덧붙여 변형시킬 수 있는 능력이 생긴다면 그것이 바로 창의력이라는 것을 알아야 합니다.

창의력은 알고 있어야 이루어집니다.

보고 그릴 땐 잘 그린다면 그 어린이는 어느 정도의 형태 감각과 묘사력이 있는 어린이입니다. 다만 보지 않고는 그리지 못한다면 너무 보고 그리기만 반복하여 생각이 갇혀있거나 상상력이 부족한 경우입니다. 그럴 경우에는 그림 전체를 보고 그리게 하지 말고 사람이라든지 또는 집이라든지 한 가지 사물만 보고 그리되 거기에 어린이의 생각을 덧붙이고 나머지는 모두 상상해서 꾸며

보게 하세요. 그러다 보면 점차 안 보고도 재미있는 그림
을 그릴 수 있게 됩니다.

7. 평가

Ⓐ 아동들이 초등학교에 올라가면 상대평가, 절대평가 등
의 선생님 나름대로의 평가방법으로 그림을 평가합니다.
그 기준은 형태의 정확성, 성실성, 이야기의 창의력 등
평가하는 사람의 생각에 따라 여러 가지로 나뉠 수 있습
니다. 하지만 그런 방법의 평가를 통하여 어린이들에게
상벌을 가한다든지 뒤에 붙여놓는다든지 해서 어떤 어린
이에게는 우월감을 어떤 어린이에게는 좌절감을 심어준
다면 올바른 미술교육이라 할 수 있을까요?

미술 교육은 잘한 어린이를 가려내는 것에 목적이 있는
것이 아니라 보다 많은 어린이들이 미술에 흥미와 관심
을 갖고 자유롭게 표현하는 데 그 의의가 있습니다.

Ⓐ 어른은 어린이들의 세계를 절대로 알 수가 없습니다.
때문에 어른의 입장에서 어린이가 표현한 그림을 판단해
서는 안 됩니다. 그림은 어린이의 언어이자 자기 자신을
표현하는 것이기 때문입니다. 어린이는 그림을 그리면서
자기 자신과의 무한한 대화를 나눕니다. 그리고 이 대화
를 표현해냅니다. 그러기에 어린이의 그림은 그 과정이
중요한 것입니다.

무엇을 지적해주기보다는 "참 잘 그렸는데! 무엇을 그
린 거니?"라고 칭찬하며 어린이의 생각이 앞서갈 수 있
도록 도와주어야 합니다.

Ⓐ 4살된 어린이의 어머니가 있었는데 저에게 상담 요
청을 했습니다. 아이가 그림 그리기를 좋아하는데 유치
원이나 다른 교육기관에 가려하지 않는다고 말입니다.
저는 여러 가지 재료와 종이를 준비해주고 어린이의 그
림을 소중히 간직하라는 이야기를 해주었습니다. 물론
유치원에는 굳이 보내지 않으셔도 된다는 말과 함께…

그 어머니는 한 귀퉁이에 조그맣게 그려진 그림이라도
10장이고 20장이고 소중히 간직해 오셨습니다. 초등학교
들어갈 즈음 그 어린이는 어떤 주제와 어떤 사물이든지
망설이지 않고 척척 그려내었습니다. 초등학교에 들어간
후에도 물론 모범적인 학교 생활을 하고 있습니다. 이는
어떤 낙서나 그림이라도 잘 했다고 칭찬하면서 소중히
그림을 간직해 온 어머니의 정성 덕분입니다.

초등학교 3학년 이상이 되면 그림 내용에 따라 지도해
야 하지만 유아기의 어린이들에게는 빈 공간을 두고 다
그렸다고 할지라도 그 내용을 잘 들어주고 칭찬을 듬뿍
해준 뒤 그대로 인정해주는 편이 좋습니다.

어린이 참고 작품

8. 가정에서

Ⓐ 어린이가 낙서를 하기 시작한다는 것은 그만큼 어린
이가 자신의 생각을 표현하고픈 욕구가 생겼다는 뜻입니

다. 이때 마음대로 낙서를 하지 못하게 한다면 생각이 위축되고 마음대로 선을 긋고 다닐 수 있는 기회를 놓치게 되는 것입니다.

낙서를 많이 하는 어린이가 소근육 발달과 동시에 지능도 발달하고 그림 그리기에 자신감이 생기는 것입니다. 그러므로 낙서를 금지하기 전에 마음껏 낙서할 수 있는 공간을 마련해주세요.

벽에다 커다란 소포지로 도배하여 낙서의 장을 만들어주는 것도 한 방법이겠지요?

아닙니다. 어린이가 그림을 그릴 때 "엄마 아빠가 소질이 없으니까 너도 그림을 못 그리는구나."라고 단정짓는다면 그것은 굉장한 잘못입니다. 그럴수록 더욱 칭찬해주고 표현의 내용과 방법에 흥미를 가지도록 다양한 재료를 제공해주는 것이 부모의 역할입니다.

부모가 어떤 역할을 하느냐에 따라 어린이가 미술에 관심을 갖는 어린이로 성장하느냐 무관한 사람으로 자라느냐가 달렸습니다.

손에 힘이 있어야 그림뿐만 아니라 다른 조작놀이나 운동도 잘할 수 있지요.

그림만 많이 그린다고 손에 힘이 생기는 것은 아닙니다. 그림뿐 아니라 다른 놀이를 할 때에도 손에 힘이 없는 아이라면 점토놀이나 뚜껑 여닫기, 모래놀이를 통하여 손에 힘을 길러줍니다.

하지만 다른 조작은 잘하는데 그림 그릴 때에만 힘이 없는 선이 나온다면 자신감이 결여된 경우가 많으니 어린이에게 자신감이 생기도록 용기를 북돋워주는 것이 필요합니다.

어린이에게는 만화가 제일 재미있습니다.

만화는 눈으로 보기만 해도 그 내용을 알 수 있습니다. 만화라는 흐름은 결코 어린이에게 해가 되지 않고 오히려 영양소와 같이 어린이의 성장에 필요한 것입니다. 그림 그리기에서도 만화적인 표현을 하는 어린이를 자주 봅니다. 그럴 때는 늘 같은 스타일의 만화만 그리지 말고 자기가 원작자가 되어서 자기가 생각한 만화를 그려보도록 하는 것이 좋습니다.

어린이가 머릿 속으로 자유자재로 생각하며 그릴 수 있도록 도와주면 한 발 앞서 생각할 수 있는 어린이로 성장합니다.

공부하라는 말보다 하루쯤은 마음대로 만화를 그리게 하여 모아두고 칭찬해주면 그 또한 창의력이 생기는 데 도움이 된다는 것을 알아야 합니다.

장부남, 남기희의
모던아트 이야기 1

장부남, 남기희의
모던아트 이야기 1